Mi Cuadro

Thomas David

Vincent Van Gogh: El puente de Arles

Lóguez Joven Arte

Diseño de cubierta: Artur Heras
Traducción: L. Rodríguez López

2.ª edición 2006

Originally published under the title VINCENT VAN GOGH: BRÜCKE VON ARLES
in the series "Mein Bild"
© 1998 by Rowohlt Taschenbuch Verlag GmbH, Reinbek bei Hamburg
© Para España y el español: Lóguez Ediciones 1999
Ctra. de Madrid, 90. Apdo. 1. Tfno. 923 13 85 41
37900 Santa Marta de Tormes (Salamanca)
ISBN: 84-89804-17-6
Depósito legal: S. 872-2006
Printed in Spain: GRÁFICAS VARONA, S.A.
Salamanca, 2006

Todos los derechos reservados.
Esta publicación no puede ser reproducida, ni en todo ni en parte, ni registrada en, o transmitida por, un sistema de recuperación de información, en ninguna forma ni por ningún medio, sea mecánico, fotoquímico, electrónico, magnético, electroóptico, por fotocopia, o cualquier otro, sin el permiso previo por escrito de la editorial.

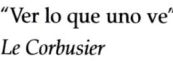

Para Elisabeth,
en vez de girasoles

Contenido

1
Cómo Vincent se quitó la vida
con un revólver *10*

2
Cómo Vincent pintó el Cuadro
del Puente *16*

3
Cómo era entonces Arles
y la Provenza *22*

4
Cómo Vincent llegó al mundo
el segundo, fue a la escuela
y comenzó a pintar *31*

5
Cómo Vincent llegó a Arles
y, por primera vez, fue feliz *37*

6
Cómo Vincent pintó seguidos
cinco cuadros del puente *44*

7
Cómo Vincent se convirtió en
marchante de arte y se enamoró
sin ser correspondido *54*

8
Cómo Vincent se dedicó
a la religión, pero finalmente
se convirtió en pintor *61*

9
Cómo Vincent alquiló la casa Amarilla
y esperó a Gaugin *69*

10
Cómo Vicent se hizo
Pintor de Campesinos *82*

11
Cómo Vincent ya no pintó en París
cuadros oscuros,
sino luminosos *94*

12
Cómo Vincent se volvió loco
y pintó algunos
de sus más bellos cuadros *103*

Cronología *122*
Material Pictórico *124*
Material Bibliográfico *127*

Cuadro de Vincent con árboles y el castillo de Auvers

1. Cómo Vincent se quitó la vida con un revólver

En Auvers, había un castillo. Se encontraba escondido detrás de oscuras hojas. El camino transcurría a lo largo de campos de trigo, dos frondosos perales negros destacaban contra un cielo amarillo. Vincent llevaba puesta su chaqueta azul de dril y el viejo sombrero de paja sobre la cabeza, como todos los días. Ese día era domingo. Vincent era pequeño de estatura, con barba roja y expresión apesadumbrada. Alzaba un poco el hombro del lado de la oreja herida: Así se dirigía a grandes pasos hacia el castillo.

En la aldea, florecían las rosas y bajo los arbustos de avellano había matorrales de color violeta. En la llanura de Auvers, los

campos de cereales se extendían sin fin. Y entonces, Vincent se disparó un revólver en el pecho. Los pájaros levantaron el vuelo asustados, no había ninguna persona en las cercanías. El crepúsculo fue cubriendo la tierra y más tarde, cuando Vincent regresó a la pensión de la familia Ravoux, la oscuridad había ennegrecido los colores de Auvers. Negros eran los amplios campos y sombras grises se levantaban en el cielo. Sus cuadros colgaban en la estrecha buhardilla, donde Vincent vivía desde hacía dos meses: La chica de la naranja parecía como si sostuviera el sol en sus manos; el cielo era verde claro sobre la casa de la viuda Daubigny y las lilas resplandecían detrás de los tilos. Los colores en los cuadros de Vincent eran como llamas y lava y piedras preciosas, había escrito alguien:

"Piedras, campos, matorrales, praderas, jardines, ríos, como esculpido en un desconocido mineral, brillantes, resplandecientes, centelleantes, mágicos; paisajes ardientes igualando los coloristas ríos fundidos en un diabólico crisol de alquimista, follaje como bronce antiguo, cobre liso y cristal hilado; arriates repletos de flores, que no parecen flores, sino valiosas joyas de rubí, ágata, esmeralda, topacio, crisoberilo, amatista y zafirina; esto es, un resplandor universal, fantástico, cegador".

Uno de los retratos del Dr. Gachet de Vincent

Pero ahora Vincent estaba muriéndose. Se encontraba en la cama con fiebre alta y la bala alojada profundamente en el abdomen. Cuando el posadero descubrió la desgracia, mandó venir inmediatamente a un médico. Uno no se encontraba en casa y el otro vivía en la parte alta de la ciudad. Vincent lo había retratado con frecuencia. También la policía se presentó a la mañana siguiente, porque uno no se dispara, sin más, a sí mismo.

Pero Vincent dijo: "Gendarme, mi cuerpo me pertenece y soy libre de hacer con él lo que quiera". La policía no pudo hacer nada más y tuvo que marcharse.

El famoso Dr. Gachet se sintió impotente. Si colocaba su oreja sobre el cuerpo de Vincent, podía oír cómo fluía la hemorragia interna. Ya no tenía sentido abrirle el vientre, así que le encendió a Vincent una pipa y esperó a que terminaran sus sufrimientos. Theo llegó por la tarde. Theo era el hermano de Vincent y su amigo más fiel. Siempre le había enviado dinero y le había financiado sus cuadros. Incluso, en ocasiones, Theo consiguió vender alguno, pero eso ya no tenía ninguna importancia. Los cuadros de Vincent entonces sólo los compraban los locos. Los hermanos todavía se pudieron abrazar una vez más; sin embargo, pronto Vincent perdió el conocimiento. De nuevo, la noche caía sobre Auvers y las apretujadas casas se encontraban bajo la luz de la luna. Los relojes corrían hacia la medianoche: Después, comenzó el nuevo día, pero de él Vincent apenas si vería algo. Murió a la una y media en una profunda oscuridad. Era el 29 de julio de 1890. Vincent había cumplido treinta y siete años.

2 Cómo Vincent pintó el cuadro del puente de Arles

Cuando Vincent van Gogh pintó "El puente de Arles" tenía treinta y cinco años y disfrutaba de una excelente salud. Entonces no podía pensar, ni remotamente, en el suicidio y nadie habría conseguido convencerle de que se fuera a Auvers, cerca de Paris. Ahora Vincent se encontraba en Japón.

Vincent camino del trabajo

Por lo menos, eso era lo que él decía, aunque, naturalmente, no fuera así. Porque Arles estaba, al menos, tan lejos de Japón como de la Tierra de Fuego. Pero "Japón" era una buena palabra y Vincent siempre había querido ir allí.

Por eso, durante los meses de marzo y abril, había pintado sobre todo flores, por las que Japón era tan famoso. Pero ahora estaba a mediados de mayo y la fruta que maduraba ya no tenía nada que ver con Japón. Así pues, Vincent se cargó a la espalda el caballete y el lienzo, cogió pinturas y pinceles y buscó algo distinto para pintar.

Primero, pintó una panorámica de Arles y un cuadro con una casa de campesinos en medio de un campo de trigo. Los terminó en dos días. Después fue a parar al pequeño puente, al sur de la ciudad; descargó sus aperos de nuevo, colocó el caballete en la hierba, muy cerca del agua, y pintó también un cuadro del puente. Apenas si se movía la brisa, era un día espléndido. Más tarde, en el estudio, quizá Vincent le diera al cuadro su último toque. Los colores brillaban en la paleta; en la mano, sostenía pinceles de diferente grosor. Vincent tenía ojos verdes, anchas espaldas y barba rojiza. Parecía un marinero en medio de la tempestad. El cabello corto y ya un poco ralo. Arrugaba frecuentemente la frente. Algunos no le habían visto sonreír jamás. Otros, sin embargo, sí se acordaban de su sonrisa y hablaban de su luminosa mirada. Vincent daba la impresión de estar con frecuencia ausente y amargado. Los amigos no le duraban mucho tiempo. Tenía manos nerviosas y le gustaba pintar también con el dedo gordo. Raramente compraba jabón y, por lo general, tenía polvo en sus cabellos. Era de un humor cambiante, colérico y de una especial

Autorretrato al caballete

sensibilidad. Si alguien criticaba su pintura, se ponía furioso. Creía firmemente en su talento. Pero la gente consideraba sus cuadros sucios y burdos. A pesar de todo, Vincent mantuvo la confianza en las personas. Cuando se aburría, se frotaba las manos. Jamás tenía dinero y tampoco necesitaba mucho. Poseía una mesa y dos sillas. Le gustaba especialmente comer aceitunas. No tenía ningún sentido del orden y en su estudio siempre reinaba el caos. En el suelo, había trapos sucios con restos de pintura, listones de madera y trozos de pan duro, zapatos gastados por el uso, libros manoseados o nidos de pájaros y otros chismes. Olía a cola y a aguarrás. Vincent limpiaba los pinceles con el aguarrás. Cuando, finalmente, tuvo terminado el cuadro del puente de Arles, lo cogió con cuidado, lo levantó por encima del polvo y de los chismes y, posiblemente, lo colgó en la pared junto a los otros cuadros. El cielo era como un ligero paño, traslúcido por la luz, y las ondulantes olas rompían las sombras en el agua. El puente iba de orilla a orilla, como tela de araña, vidriosa y fugaz.

3 Cómo era entonces arles y la Provenza

Arles se encuentra en el sureste de Francia, en la Provenza. A su derecha, está Italia, abajo el mar Mediterráneo. Delante de cordilleras del lila más fino, se extienden amplias llanuras de campos rojizos. La lluvia no es frecuente en la Provenza y en verano hace un calor de justicia. En ocasiones, el viento del desierto, el siroco, lleva hasta allí arenas del Sahara. El

Colores de la Provenza: Cuadro de Vincent de un jardín en Arles.

mistral sopla del noroeste, sobre todo en primavera. Es un viento frío y pasa por la Provenza a velocidades de más de cien kilómetros por hora.

Aquí, las iglesias no suelen tener ventanas orientadas hacia el norte, los campesinos protegen sus cultivos con espesos setos de chopos y cañaverales. El mistral se presenta de repente, arranca árboles y produce en la gente dolor de cabeza. Pero también aleja las nubes del cielo. Entonces, la vista es diáfana, el paisaje adquiere nuevamente pronunciados contornos y la famosa luz de la Provenza llena cada piedra, las curvadas tejas de las casas, las hojas y agujas de los árboles, los ríos y los lagos. En febrero, las mimosas ya florecen en la costa; más tarde, un mar de retama amarilla y de lavanda violeta asciende por las colinas. En verano, el penetrante olor de la lavanda flota en el aire sobre aldeas y ciudades. Los caminos y los campos están enmarcados por la blancura del tomillo y del *basilicum* y el azul del romero. En los jardines, crecen los granados cuyas carnosas flores son de un naranja intenso. Los viñedos ascienden por la pendiente sur de la cordillera del Lubéron y la lavanda crece incluso en la calcárea meseta. Las ocres rocas cerca de Rustrel son como cobre roto. Desde la cima del Ventoux, se divisa el Mediterráneo y, al norte, los Alpes. En junio, en la época de la cosecha, un brillo dorado se extiende sobre amplias zonas de la Provenza. También al este de Arles, en la meseta de Crau, donde a Vincent le gustaba ir a pintar.

Ahora es tiempo de cosechar el grano. Las espigas cuelgan sus pesadas cabezas y en un huerto, cercado por cañaveral, una mujer campesina cosecha sus matas. Las cigarras cantan y chirrían día y noche en la Provenza. Al borde del huerto, se encuentra un montículo de heno con

Cosecha en la Provenza.

una escalera; al lado, un carro. Las ruedas están torcidas. Más allá, un campesino se afana en el trigo con su guadaña; por el estrecho camino, entre dos sembrados, va un carro tirado por un caballo; otro es cargado con el heno. El campesino levanta la horca en el aire por encima de su cabeza. Aquí las casas de los campesinos tienen los muros blancos y sus rojos tejados pueden verse en el paisaje desde lejos. En el horizonte, detrás de las ruinas grises del convento de Montmajour, comienza la cordillera de los Alpilles. A Vincent van Gogh le gustaba caminar por allí.

Hay tres kilómetros desde el convento hasta Arles. El camino transcurría a lo largo de la Avenida de Montmajour hasta un puente de ferrocarril. Cuando el tren pasaba por él, el suelo temblaba. Allí comenzaba la ciudad. A continuación, venía el café de la estación, donde van Gogh tenía una cama en mayo de 1888. Al lado, el restaurante de la viuda Venissac, donde cenaba por poco dinero. La señora Venissac guisaba con abundante grasa. La Casa Amarilla, cuya mitad había alquilado van Gogh como estudio, se encontraba haciendo esquina a un tiro de piedra, apenas a cien metros de la gran puerta de la ciudad, detrás de la que estaba la parte vieja de ésta.

Entonces, las mujeres de Arles llevaban un pequeño detalle rosa en sus típicos trajes negros y, a veces, se ataban

Puente de ferrocarril a las afueras de Arles

en su toca una corbata de tela oscura. Los dos extremos de la corbata colgaban hacia adelante. Las arlesianas eran consideradas las mujeres más bellas de toda Francia. Tenían el pelo negro, ojos castaños y piel color crema, como café con leche. Vincent se volvía a veces a mirarlas en la calle. En el gris del alba, las lavanderas se ponían en camino con sus pesados cestos hacia el río. Arles está a orillas del Rhône y las manos de la mayoría de la gente olían a pescado. Las damas más elegantes preferían pasear a orillas de la muralla los domingos por la tarde. Los hombres se quitaban el sombrero como saludo cuando se cruzaban con una mujer. Los ancianos llevaban a pasear los perros por el laberinto de calles y quizá contemplaban los escaparates de las tiendas. En las estanterías de las librerías, se encontraban los nuevos libros de los autores más famosos, como Alphonse Daudet y Émile Zola. En la carnicería, se ofrecían a la venta fiambres y quizá un ciervo colgara de uno de los ganchos. También había un comerciante de pinturas, que necesitaba tanto tiempo para dar la primera capa de pintura a un lienzo que van Gogh prefería pintar dos cuadros en un lienzo sin enyesar. Había una zapatería y una sombrerería, tiendas de tejidos, pescaderías y un comercio de muebles. Tiendas de dulces con caramelos de chocolate, ultramarinos con sacos llenos de alubias, una peluquería o quizá también dos, un relojero y una funeraria, a la que pertenecía la carroza más bonita de la ciudad. Había abogados, asesores fiscales, médicos, panaderos y albañiles, dependientes y también muchos empleados. Entonces en Arles era casi todo como en Paris, pero en pequeño. Solamente faltaba la torre Eiffel, que en el año 1888 tampoco estaba terminada. Así, por los bulevares y plazas de Arles, circulaban elegantes coches de caballos y los hombres de la Banca, inclinados sobre sus periódicos, hablaban de las ganancias en la Bolsa y se mesaban las acicaladas barbas. El propietario de la fábrica podía contemplar, desde el Hotel Pinus, el humo negro de sus chimeneas a las afueras de Arles.

Paseo de domingo en Arles

En ocasiones, se celebraban corridas de toros en el anfiteatro que se encontraba sobre una colina y era el mayor de Francia. Procedía de la época romana, como la ciudad, fundada por los romanos. Julio César había conver-

La arena en Arles

el año 46 a. de c., el antiguo bastión griego "Arelate" en colonia romana. "Arelate" quería decir "Ciudad en la ciénaga". Más tarde, incluso el emperador Constantino el Grande residiría aquí. Cuando Vincent van Gogh vivió en Arles, ya hacía mucho tiempo que del palacio solamente quedaban las termas. Se encontraba directamente al lado del Rhône. Inmediatamente a continuación estaba el Museo Réattu, verdaderamente monstruoso y un engaño, según opinión de Van Gogh. El Museo de la Antigüedad era mejor. Estaba situado en el centro de Arles, al lado de la catedral. Si se tiraba a la derecha, desde la parte sur de la catedral, al Boulevard des Lices, y si allí no solamente se tenían ojos para las guapas arlesianas, se podía ver, a pocos metros, el famoso Hôtel Dieu, el hospital más grande de la ciudad. Un poco más allá, salía una calle del boulevard, que llevaba en dirección sur fuera de Arles y hacia Port Saint Louis. Aquí había pocas personas de camino. Quizá una pareja de enamorados que preferían estar solos, una anciana viuda cuyo vecino terminaba de ahogar a su perro. Qué iba a hacer ella en la ciudad. La carretera era polvorienta y no especialmente ancha. Aquí y allá, se alzaban algunos delgados cipreses. Ahora la mirada se tendía a lo lejos en el paisaje.

En lugar del ruidoso ajetreo de la ciudad, apenas a unos cien metros, se podía oír el chirrido de las cigarras y quizá también

Dibujo de Vincent del puente de Arles

El puente de Arles, 1902

el suave susurro de la brisa, que acariciaba suavemente los matorrales y la hierba. A unos quinientos metros, se llegaba al puente levadizo sobre el canal Arles-Bouc, que sale del Rhône a la altura de Arles. Junto al puente, se encontraba la caseta del guarda. Tenía muros blancos y un tejado de tejas rojas. Antes, el guarda había sido el famoso señor Langlois. El puente llevaba su nombre quizá porque él habría sido capaz de izar el puente más rápidamente que los demás para dar paso a los barcos. La obra de fábrica del puente Langlois era firme y podría haber aguantado fácilmente el paso de un tropel de elefantes. La estructura estaba formada por pesadas vigas. Los postes parecían el armazón de un columpio. Aquí se habría podido columpiar uno bien sobre el agua. Arriba del todo, se encontraban, además, otros dos nuevos armazones. Con las cadenas que colgaban de ellos, daban la impresión de dos gigantescas marionetas. Sin embargo, el guarda, naturalmente, no tenía ni tiempo ni ganas para semejante juego de niños.

4 Cómo Vincent llegó al mundo el segundo, fue a la escuela y comenzó a pintar

Siempre que a Vincent le salía algo mal en la vida, quizá pensara que el otro lo habría hecho mejor. Cuando sus padres le reñían, seguro que pensaría que con el otro habrían sido más cariñosos. Sucedió que cuando nació Vincent, en la primavera de 1853, ya tenía un hermano, que estaba en el cementerio, inmediatamente detrás de la casa. Había nacido un año antes que Vincent, pero nació muerto. El mismo día, el 30 de marzo, también en la casa parroquial de Zundert. El otro tenía incluso el mismo nombre: Vincent Willem van Gogh.

Los padres de Vincent: Anna Cornelia y Theodorus van Gogh

El paisaje en el que creció Vincent

Así sucedió que, ya en su nacimiento, él solamente era el segundo. Sin embargo, los padres no quisieron causarle ningún daño con ello. Su madre se llamaba Anna Cornelia, su padre era el pastor Theodorus van Gogh. Después, el matrimonio tuvo aún cinco hijos más, pero, claro, recibieron otros nombres.

Zundert entonces todavía era una aldea, situada al sur de los Países Bajos, muy cerca de la frontera con Bélgica. En otoño, el cielo se cubría de pesadas nubes; en invierno, el cielo siempre estaba gris. Los campos de cultivo llegaban hasta las mismas casas, aunque en el verano el trigo dominaba el paisaje y la erica florecía por doquier. La escuela estaba enfrente de la casa parroquial. Había sólo un maestro para doscientos alumnos. Y más tarde el maestro se daría a la bebida, pero Vincent aprovechó bien el tiempo con él. De pequeño, Vincent era callado y sencillo, amable y cariñoso. Otros recordaban que había sido apasionado y tozudo. Quizá fuera, pues, como cualquier otro chico.

A veces, cuando Vincent había terminado los trabajos de la escuela, iba a ver al carpintero. Allí se le permitía jugar con listones y varillas. Pero lo que más le gustaba a Vincent era correr por la pradera hacia el arroyo. Tenía un frasco y una red, con la que atrapaba escarabajos cerca del agua. Conocía todos sus nombres y, realmente, sabía muchas cosas de la naturaleza. Su hermana Lies escribió mucho tiempo después, cuando Vincent ya estaba muerto y era famoso:

«Conocía los lugares donde florecían las flores más raras. Evitaba la aldea, con sus rectas calles y casas distinguidas, desde donde las viejas cotillas observaban, a través de las cortinas, a todo aquel que pasara por delante. Así buscaba sus caminos por colinas y valles y descubría sorprendentes vistas y topaba con animales y pájaros raros en su medio natural. De estos últimos, sabía dónde anidaba o vivía cada uno de ellos y cuando observaba una pareja de alondras que se posaba en medio del campo de centeno, sabía cómo acercarse a su nido sin doblar un solo tallo a su alrededor o asustar lo más mínimo a los pájaros».

Al año, Theodorus van Gogh trajo a casa a una institutriz para que diera clase particular a sus hijos. Quizá entonces el maestro oliera ya demasiado a aguardiente. La institutriz tenía sólo diecisiete años y estaba todavía en la edad de crecer. Aunque, claro, la chica difícilmente podía pervertir a los

Carro por camino mojado por la lluvia

pequeños hijos del pastor. Con once años, Vincent fue a un internado en otra aldea a treinta kilómetros de Zundert. Fue en octubre de 1864 y así se terminaba con la colección de escarabajos y con el juego despreocupado. Ese día, llovía. El cielo estaba de nuevo cubierto. Vincent se encontraba a la puerta del internado y miraba la calesa en la que se alejaban sus padres. "El cochecito amarillo se veía a lo lejos, en la larga carretera", escribió años después, porque jamás pudo olvidar aquel momento. "Árboles delgados a ambos lados, mojado por la lluvia va por la pradera. El encapotado cielo se refleja en los charcos".

Vincent pintaría más tarde calesas en sus cuadros, una y otra vez. Siempre alejándose.

Ahora Vincent solamente podía ir a casa por Navidad. En aquellas fechas, él era el mejor regalo para sus padres. Por lo demás, no aprendía nada en el internado; bueno, quizá algo de matemáticas o de biología. Pero las matemáticas tampoco ayudarían a Vincent más tarde, cuando mezclara las pinturas, y la biología no tenía entonces ningún valor. La reciente y revolucionaria teoría de la evolución de las especies de Charles Darwin fue denostada por los expertos como la "teoría de los monos". Pronto Vincent cumpliría los trece años. Vincent seguía teniendo los pequeños ojos hundidos en sus cuencas, unas veces de color verde y otras de color azul. Sus orejas sobresalían y tenía una frente amplia, que en verano brillaba desde lejos. Con trece años, Vincent tenía el pelo ensortijado y, con frecuencia, una expresión seria. A veces, se ponía una elegante corbata, que parecía frenar su temperamento.

En septiembre iría finalmente a la escuela secundaria en Tilburg, que se encontraba más lejos aún de casa, pero Vincent tenía ahora un par de años más. Recibía clases de holandés, de caligrafía, historia, geografía; también, de

Vincent a los 13 años

nuevo, matemáticas y biología. Aprendió alemán, francés e inglés. Más tarde, entre sus poetas preferidos se encontrarían Goethe y Heinrich Heine. Ahora en Tilburg también recibía clases de dibujo, aunque en él todavía no se adivinaba mucho del futuro artista. Cuando tenía ocho años, había pintado un gato saltando contra un manzano y, a los once, un cobertizo para el cumpleaños de su padre. Pero lo que, con ocho u once años, es capaz de hacer la mayoría, con trece ya no es capaz y con veinte lo ha olvidado. Vincent tenía ahora en la escuela su propio tablero de dibujo, un lápiz y carboncillo y se sentaba junto a los demás alumnos alrededor de una gran mesa, en la que, quizá, se encontraba un zorro disecado o un pie de escayola, que los alumnos debían copiar con exactitud. Uno le haría al zorro un largo cuello o una nariz de cerdo; otro, sin más, le pintaría un sexto dedo al pie. En el siguiente, quizá las uñas crecieran como flores en la ventana y su compañero de banco pintaría una pata de mono afeitada y al zorro lo dibujaría cual salchicha peluda de dientes puntiagudos.

Excepto Vincent. Él lo hacía mejor. Por lo menos, un poco mejor. Pero no era un niño prodigio y todavía faltaba mucho para ver en él al artista.

5. Cómo Vincent llegó a Arles y allí fue feliz por primera vez

Vincent llegó a Arles en invierno. Había abandonado París la noche del domingo y, dieciséis horas más tarde, el tren se detenía en medio de la nieve. Era el 20 de febrero de 1888, la nieve alcanzaba una altura de medio metro y continuaba cayendo. Quizá a Vincent le colgaran los copos de la barba cuando llegó con su equipaje al Hotel Carrel.

Antes de irse a dormir, dio un rápido paseo por la ciudad. Vincent quería saber dónde había ido a parar. Al día siguiente, comenzó inmediatamente a pintar.

Hizo un estudio de una desdentada arlesiana y después un paisaje nevado. Cuando ya no pudo aguantar el frío fuera, se refugió en su habitación y miró por la ventana. Aprovechó ese momento para pintar la acera con la tienda de carnicería. En cinco días, había pintado tres cuadros. Escribió a Theo: "Hay momentos en los que pienso

Autorretrato blanco

que mi sangre quiere circular de nuevo". Iba a la tienda de ultramarinos y a la librería, donde compraba pinturas y lienzos, pero no tenían todo lo que necesitaba. Un azul "tembloroso" era algo que Vincent no podía utilizar. "Bueno", se dijo "ya veremos". Pintó un estudio con campos nevados, aquí no necesitaba el azul. Pintó seis naranjas en un cesto, medio kilo de patatas rojas y un viejo par de madreñas. Todavía se podían distinguir las huellas de los pies. Vincent volvió a salir a la calle, se acercó al almendro más próximo y cortó una rama,

Paisaje nevado en Arles

que colocó en un vaso. Lo pintó inmediatamente. Fuera seguía helando. "Unas cosas con otras, hasta ahora he hecho ocho estudios", escribió a su hermano. "Eso, sin embargo, ya no cuenta ya que, hasta ahora, no he podido pintar cómodo y en un ambiente cálido". La situación cambiaría radicalmente a mediados de marzo:

Rama de almendro en flor en un vaso

«¡Mi querido Theo! El tiempo, por fin, ha cambiado esta mañana. Ahora hace bueno. Y también he averiguado qué es el mistral. He dado varios paseos por los alrededores, pero, debido al viento, resultaba imposible hacer algo. El cielo era de un azul duro, el sol grande y brillante. La nieve se derritió inmediatamente, sin importar lo alto que estuviera, pero el viento era tan frío que te ponía la piel helada. Aun así, he visto cosas bellas. Las ruinas de una abadía sobre una colina, entre punzantes palmeras, pinos y olivos grises. Pronto nos pondremos a trabajar con ello, confío... Quería escribirte rápido y decirte que el invierno, eso espero, ha terminado. Ojalá que en Paris también sea así.

Te estrecha la mano
                tuyo
                              Vincent»

Marzo de 1888: Melocotonero en flor

Ahora vendrían primero días felices. Vincent puso en marcha dos estudios de paisajes y cuatro o cinco trabajos más a la semana siguiente. Conoció también a un joven artista de Dinamarca, cuyos cuadros Vincent consideraba secos y pusilánimes; el danés, al principio, tomó a Vincent por un loco. "Pero ahora descubro progresivamente", escribió Mourier Petersen, "que su locura tiene método". Fueron amigos durante dos meses.

Vincent comía por la mañana dos huevos, salía de casa y se colocaba delante de los melocotoneros y albaricoqueros en el huerto. Le había atrapado el furor de pintar. Rasgaba el suelo con el pincel y la luz se introducía por él. Entre tanto, Vincent había conseguido un azul brillante. Apretaba la pintura sobre el tronco hasta hacer crujir la madera. Arrojaba pintura rosa y roja contra las flores, del cielo estrujaba nubes titilantes. El lienzo se transformaba y gemía bajo las manos de Vincent. Al final, los árboles estaban en todo su esplendor. El cuadro solamente necesitaba secarse. A primeros de abril, escribió a Theo:

«En estos momentos, trabajo sobre los ciruelos amarillos y blancos, con sus mil ramas negras. Gasto muchísimo lienzo y pintura, pero, aun así, confío en no derrochar mi dinero... Va a ser un duro mes para ti y para mí, pero será, en caso de que te sea posible, en provecho de ambos hacer todo lo posible con los florecidos árboles. Ahora estoy en forma y a mí me parece que necesitaría otros diez de ellos, el mismo motivo. Sabes que cambio mis trabajos y este furor por pintar flores no durará eternamente. Quizá después le toque el turno a las corridas de toros, entonces necesitaré dibujar mucho, ya que quiero hacer los dibujos al estilo de las estampas japonesas. No puedo hacer otra cosa, tengo que forjar el hierro mientras esté candente: Después de los huertos, estaré completamente agotado (...).»

Japón era entonces para Vincent su anhelo secreto. Otros sueñan con la India y con Tahití. Ya en París, Vincent había comprado estampas de arte japonés, coleccionándolas e incluso copiándolas. Estaban de moda en París.

Vincent admiraba, por ejemplo, la sencillez de los cuadros de Utagawa Hiroshige, en los que, según él, se encontraba el arte puro. Admiraba los colores fuertes, que hacían que todos los objetos en los grabados de Hiroshige brillaran por sí mismos. En ellos, uno podía olvidarse tranquilamente del sol y

Copia de Vincent de una estampa japonesa

de las sombras. Cada piedra, cada animal, todas las casas y montañas tenían su propia luz. Los floridos árboles tenían en Hiroshige el aspecto como si de sus ramas colgaran farolillos de papel encendidos. Hiroshige no copiaba detalladamente la naturaleza, le daba una nueva expresión. Así quería pintar ahora Vincent: Sencillamente, con gran claridad. Y lo que él pintara debería brillar por sí mismo para siempre. Los colores tenían que ser poderosos y limpios. Lo probó por primera vez en los floridos huertos de Arles. Por eso, Arles era el "Japón" de Vincent. Había llegado a la Provenza desde el norte porque quería ver su especial luz.

"Pensaba", escribió Vincent a Theo "que cuando se contempla la naturaleza bajo un cielo claro, se conseguiría una mejor impresión de la forma en que los japoneses sienten y dibujan". Así que pintó más ciruelos, le siguió un peral. Todos ellos tenían flores centelleantes. Vincent pintó como poseído, como alguien que está seguro de lo que quiere. Llevaba la pintura en la sangre. Ahora era tan sencillo como respirar. Escribió: "Los japoneses dibujan rápidos, muy rápidos, como el rayo, porque sus nervios son más finos, más sencillos sus sentimientos". Ya avanzado ese año, Vincent se pintaría a sí mismo con los ojos rasgados.

Autorretrato como japonés

6 Cómo Vincent pintó seguidos cinco cuadros del Puente

Los cuadros de árboles fueron la primera serie que Vincent van Gogh pintó en Arles en 1888. Sin embargo, en marzo, en sus caminatas en busca de motivos, ya había descubierto el puente Langlois. Él lo llamaba, una y otra vez, el "puente del inglés". En francés se dice "Pont de l'anglais" y suena parecido a "Pont de Langlois". Pero, por lo demás, Vincent dominaba perfectamente el idioma, incluso escribía sus cartas en francés: "Mon cher Bernard", escribió, por ejemplo, el 18 de marzo a su amigo Émile Bernard en Paris. Bernard era también pintor, pero no tanto. Aun así, Vincent le escribió:

«Como quiera que prometí escribirte, quiero informarte primero de que aquí el paisaje, con su aire puro y los múltiples efectos de los colores, me parece tan bello como Japón. Los arroyos producen en el paisaje manchas de un bello verde esmeralda y de un azul intenso, como vemos en las estampas de Japón. El pálido naranja de los atardeceres hace que el terreno parezca azul. Fantásticos soles amarillos (...) Quizá, de verdad, fuera de provecho para muchos artistas enamorados del sol y de los colores venirse a vivir al sur. Si los japoneses no terminan de avanzar en su propio país, su arte encuentra, indudablemente, la continuación en Francia. Al comienzo de esta carta, verás el pequeño esbozo de un estudio, del que me gustaría hacer algo en estos momentos: Marineros con sus queridas de regreso a la ciudad, que destaca con la curiosa silueta de su puente levadizo, contra un sol prodigioso.»

Carta de Vincent a Émile Bernard

Sin embargo, Vincent estropearía posteriormente este estudio y lo destruiría. Quizá no soportara más a los marineros con sus queridas. Las lavanderas eran otra cosa. Tenían manos curtidas y espaldas encorvadas.

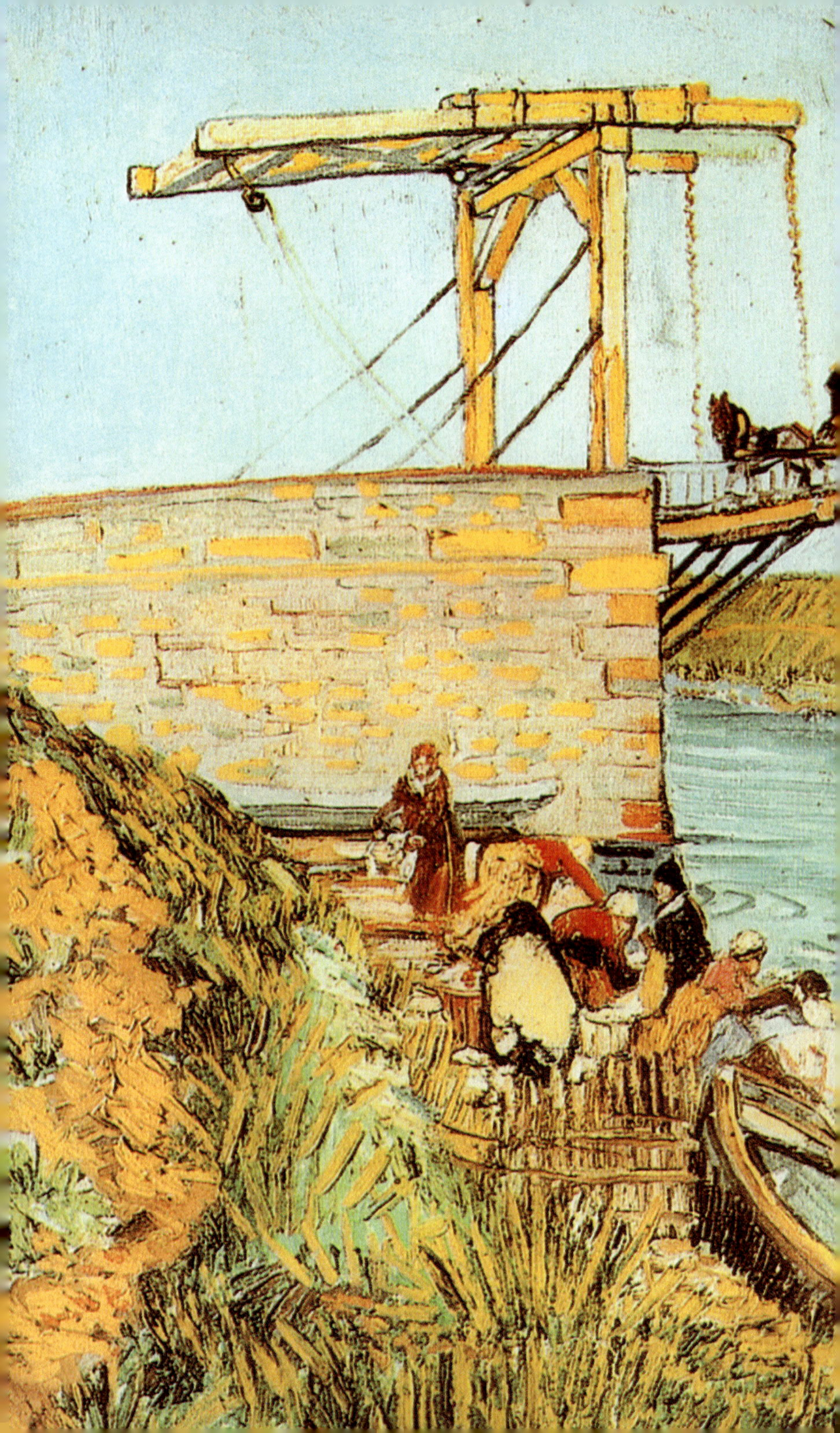

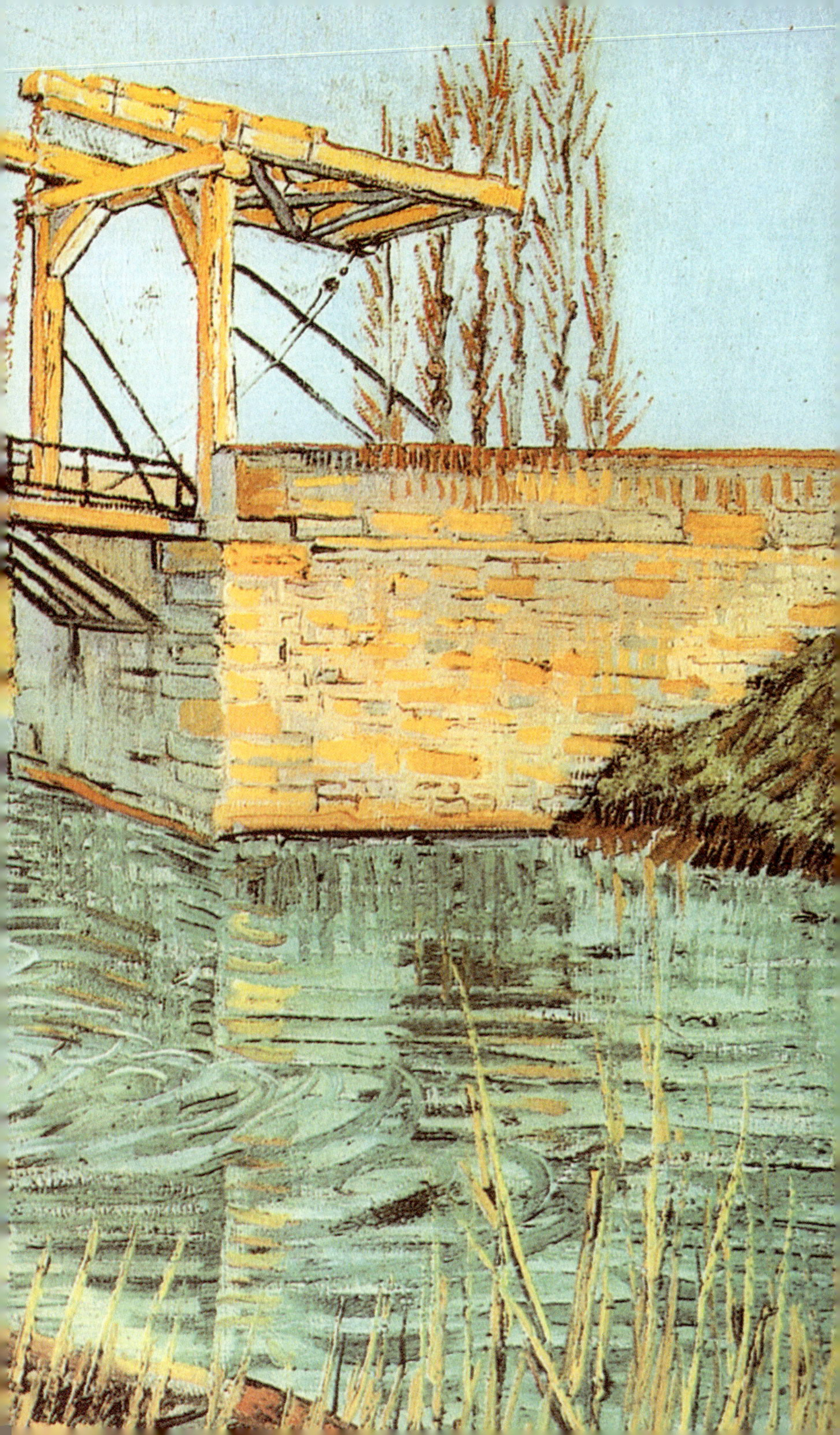

En una ocasión, en marzo, Vincent volvió a comer dos huevos por la mañana, cargó como todos los días con el caballete, lienzo y pinturas y se fue al canal atravesando toda la ciudad. Las lavanderas se encontraban ya arrodilladas delante del agua. Quizá soplara un ligero viento y algunas nubes surcaran el cielo. Todavía había días con un tiempo indeciso. Un pájaro cantaba en el seto y el agua del canal fluía hacia el mar con un ligero rumor, aunque, posiblemente, el parloteo de las lavanderas no dejaría oír nada de eso. Normalmente, cantaban alguna canción inocente para pasar el rato. Pero desde hacía unos días, las mujeres sólo hablaban de un doble crimen. Mientras hablaban, enjuagaban su ropa y la retorcían hasta que les chasqueaban los huesos.

Dos soldados franceses habían sido asesinados en una oscura callejuela de la ciudad. Los asesinos habían sido detenidos y encarcelados en el Ayuntamiento. Se trataba de dos italianos. La gente habría preferido sacarlos de la cárcel y colgarlos, sin más, en el árbol más próximo. Finalmente, todos los italianos fueron expulsados de Arles. Ahora, una de las lavanderas quizá afirmaba que hacía una semana uno de los asesinos la había seguido al alba. Las otras se rieron y dijeron que aquello lo había soñado, que desde hacía cincuenta años ningún hombre la había seguido y que un frío asesino no habría dejado escapar a una víctima tan fácil. Seguidamente, quizá una cogería una rama o una paja para, entre bromas, picar a la otra en el costado.

Vincent no se preocupó de la charla de las mujeres. Había colocado el lienzo y estaba pintando los multicolores corpiños y cofias. Por fin, salió el sol, aunque los colores en la paleta de Vincent eran ya de por sí suficientemente intensos. De nuevo, las mujeres golpeaban la ropa en el agua, formando círculos danzarines en la superficie. También los pintó Vincent. Trazó anchas franjas en verde y naranja por el lienzo. Eran los juncos que crecían en la orilla. Junto a las lavanderas, pintó un bote, que se había llenado de agua. Eso, posiblemente, se lo inventó Vincent. Como pintor, uno puede hacer lo que quiera. Cogió su azul más claro y un suave pincel para pintar el cielo. Se oyó el ruido de cascos y una calesa apareció por la pendiente. Un campesino iba al

Émile Bernard: Vincent ante el caballete

mercado de la ciudad con un cesto lleno de gallinas. El caballo miró hacia las lavanderas. El carro chirriaba y se balanceaba. Vincent pensó: El carro tiene que aparecer

49

en medio del puente y la introdujo también en el cuadro. Por un momento, las cadenas se tensaron y comenzaron a temblar. Finalmente, el carro continuó su camino. El campesino saludó hacia las lavanderas, sorprendido un momento por la presencia de Vincent y por lo que éste hacía y condujo su caballo al otro lado del puente. Poco a poco, las gallinas se iban poniendo nerviosas en el cesto.

El segundo cuadro del puente de Arles

Vincent se sintió contento cuando terminó el cuadro. "Solamente necesitamos", escribió unos días más tarde a Theo, "un marco expresamente pensado para él en azul celeste y dorado de las siguientes características: El listón de enmarque en azul, el listón exterior dorado y el marco puede ser, si no queda otra solución, de terciopelo, aunque naturalmente mejor estaría pintado". Hoy, el cuadro cuelga en el Rijksmuseum Kröller - Müller en la ciudad holandesa de Otterlo. Allí todo el mundo puede ver cómo es el marco.

Vincent estaba entusiasmado con el pequeño puente levadizo e hizo copias de su cuadro. Una para Theo, que Vincent pintó al óleo y muy espléndido. En él, las lavanderas

El tercer cuadro del puente de Arles

llevan puesta otra ropa, la estructura de madera del puente es amarilla como un limón, el campesino ha enganchado su caballo blanco para festejarlo. La otra copia, Vincent la hizo con acuarelas, lo que hace que dé la impresión de que las lavanderas habrían tirado contra el cuadro medias mojadas y apenas si es del tamaño de un cojín pequeño y tampoco causa gran impresión. El puente parece como si se hundiera y la calesa como si fuera a perder las ruedas en cualquier momento.

Otro día, en marzo, Vincent se fue al otro lado del canal y desde allí pintó el puente. Se ve la casa del guarda al fondo y los tejados y las torres de la ciudad. Las lavanderas se encuentran nuevamente en su sitio, al otro lado del río, muy cerca del muro, donde las ranas croan por la noche. Quizá Vincent todavía pudiera oír desde allí sus historias y canciones. El agua fluía lentamente, a lo lejos se divisaban las esclusas del canal. Más allá, estaba el Rhône, que recorría desde los Alpes en Suiza 812 kilómetros hasta el mar Mediterráneo. Vincent dijo: "El talento es una gran paciencia". Después cogió el cuadro terminado, se colocó el caballete a la espalda y caminó de regreso. Sobre el puente, tres arlesianas hablaban entre ellas. Seguro que Vincent pasó rápidamente por delante.

El cuarto cuadro del puente de Arles

7 Cómo Vincent se convirtió en marchante de arte y se enamoró sin ser correspondido

Vincent con 19 años

Con diecinueve años, Vincent tenía una nariz gruesa y las orejas ya no tan separadas. Se dejaba crecer el pelo y, a veces, sentía cómo le caía un mechón sobre la frente. Desde hacía tres años, Vincent trabajaba en La Haya, en la filial parisina de la elegante tienda de arte Goupil & Cia. Su tío Cent era copropietario. Vincent vendía grabados de cobre hechos a partir de cuadros de antiguos maestros de la pintura, enseñaba muestras a los clientes o les presentaba las últimas ediciones de fotograbados del propio taller. Fumaba en pipa si estaba malhumorado, aunque, por lo general, su humor era bueno y era querido entre sus jefes y compañeros de trabajo. La Haya se convirtió en su segunda patria. Visitaba la famosa colección de cuadros del Mauritshuis y estudiaba los lienzos de Peter Paul Rubens y Jan Steen. En enero y marzo de 1873, realizó excursiones a la cercana Amsterdam. Allí quizá Vincent se paseara por el "Magere Brug", que tenía un cierto parecido con el "Puente de Arles". Estudió los lienzos de Rembrandt en el Trippenhuis, en Kloveniersburgwal. Cien años más tarde, unas casas más allá, sería erigido un museo para los cuadros de Vincent. Pero en 1873, él todavía no había comenzado con la pintura, aunque, en su trabajo, desarrollara grandes conocimientos sobre el arte, lo que siempre ayuda y raramente hace daño a los pintores.

El "Magere Brug" en Amsterdam

    En Goupil conoció, por ejemplo, trabajos de los pintores franceses de Barbizon, que eran entonces también muy demandados en Holanda y daban dinero. Jean François Millet había preferido pintar campesinos en el campo, Camille Corot bosques a la luz del amanecer. Los pintores de Barbizon fueron los primeros en Francia que, a partir de 1830, pintaron sus cuadros de paisajes en la naturaleza y no en el estudio, como normalmente hacían los artistas. En definitiva, desde la aparición de la pintura en tubo, se podía pintar incluso en ciénagas; solamente hacía falta llevar hasta allí el caballete y disponer de un par de sólidas botas. A Vincent le gustaban mucho esos pintores, sus cuadros olían a tierra fresca.

Jean François Millet: Las espigadoras

Goupil hacía negocios también con jóvenes pintores de las cercanías de La Haya. Con Jozef Israel, por ejemplo, o con Anton Mauve y los tres hermanos Maris. Para ellos, los pintores de Barbizon eran un ejemplo; por eso, los pintores de la "Escuela de La Haya" estaban con frecuencia de camino, lloviera o nevara, con pinturas y pinceles. Mauve pintó paisajes de la campiña y marismas y lluviosos días de otoño. Los hermanos Maris iban también, de vez en cuando, a la ciudad. En el cuadro más conocido de Matthijs Maris, hay un gran puente levadizo delante de casas rojo parduscas. Israel llamó a la puerta de la choza del campesino más pobre y pintó al viejo con su perro. Terminaba de apagarse el fuego de turba y la humedad y el frío les envolvía de nuevo a ambos. Fuera, la tempestad rugía y la lluvia golpeaba contra la ventana. El campesino habría preferido seguir trabajando en el campo hasta el atardecer porque el cuadro de Israel no le iba a llenar el estómago durante el año próximo. Vincent escribió más tarde sobre el cuadro:

Jozef Israel: Silencioso diálogo

«Su perro, que ha envejecido con él, está sentado a su lado, los dos viejecitos se miran, se miran a los ojos el perro y el hombre. Y al hacerlo, el viejo saca su bolsa de tabaco del bolsillo del pantalón y se llena una pipa en la penumbra. Nada más, la penumbra, el silencio, la soledad de los dos viejitos, hombre y perro, la confianza entre ambos, la reflexión del viejo, no sé en qué pensaría, no puedo decirlo, pero tiene que ser un pensamiento profundo. Algo, algo, no sé qué, pero de un lejano pasado que aparece ante él.»

Cuando Vincent tiene veinte años, lo transladan a Londres. Goupil tiene, también allí, una sucursal. Vincent vivía en las afueras y todas las mañanas, a las ocho y media, iba en un pequeño barco de vapor al trabajo. En Londres, Vincent aprendió más cosas de la vida. Entonces, Londres era la ciudad más grande y moderna del mundo. Allí vivían más personas que en toda Suiza o Australia y dos veces más que en Grecia. La niebla cubría frecuentemente la ciudad y el humo de las chimeneas ennegrecía el cuello de las personas. Vincent se compró un sombrero de copa

Gustave Doré: Tumultuoso tráfico en Ludgate Hill

y un paraguas y paseaba de Westminster a St. Paul's. Escribió a su prima Carolien:

«A veces, quiero creer que, paulatinamente, me voy convirtiendo en un verdadero cosmopolita; esto es, ni holandés, ni inglés, ni francés, sino simplemente un hombre.»

En verano, practicaba el remo en el Támesis e intentó aprender a nadar. En una ocasión, probó a dibujar un rato, pero al mes siguiente se le pasaron las ganas. Visitaba las exposiciones de la Royal Academy y de los museos. Por lo general, consideraba los cuadros de los pintores ingleses vulgares y flojos:

«Hace poco vi uno en el que había una especie de pez o dragón de seis varas de largo, por lo menos. Era horrible. Y al lado un pequeño hombrecito que se había propuesto matar al monstruo lombriz. Y todo aquello representaba, creo, al "Arcángel San Miguel matando a Satanás.»

En esos años, Vincent se enamoró de la hija de su patrona, pero Eugenie hacía tiempo que estaba comprometida con el último inquilino y, de nuevo, Vincent sólo era el segundo. Eugenie destacaría como fría y autoritaria, aunque para entonces Vincent ya estaba en Paris y seguía soñando con ella como un ser angelical. No llegó a saber la suerte que había tenido y jamás lo averiguaría. En mayo de 1875, cuando Vincent fue transladado por consejo de su propia familia a la oficina principal de Goupil en Paris, Vincent era ya otro.

Leía desde hacía algún tiempo "libros sensatos sobre estados de enfermedades físicas y morales". Así lo dijo el mismo Vincent. Sin embargo, seguía visitando los museos y las exposiciones de arte y había encontrado temporalmente un amigo en un inglés también empleado en Goupil. En Paris, Vincent vio los cuadros más bellos de los pintores de Barbizon. Pero cada vez estaba más solo y buscaba refugio en los libros piadosos. Fue la locura religiosa. Iba a los oficios divinos y escuchaba los sermones con ardiente recogimiento. Pronto, Vincent no leería otra cosa que la Biblia y libros de oraciones y cánticos religiosos.

Escribió a Theo: "Todas las cosas señalan hacia aquellos a quienes Dios ama". Vincent perdió el interés por su trabajo y espantaba a los mejores clientes de Goupil. Fue despedido el 1 de abril de 1876. Así que, probablemente, cogería su sombrero de copa y lo único que le quedaba era colocárselo en su cabeza.

8 Cómo Vincent se dedicó a la religión aunque finalmente se convirtió en pintor

La vida de Vincent se trastocó y se volvió, ciertamente, caótica. Había sido arrojado del cada día, se había escapado por los pelos del destino reservado a un empleado de una tienda de arte. ¿Por qué había de administrar y comprar los cuadros de otros si podía pintarlos él mismo? Pero entonces Vincent no sabía que era un artista. Así que primero regresó a Inglaterra y se convirtió en auxiliar de maestro en un internado plagado de chinches y con el suelo de los lavabos podrido. Vincent no percibía ningún sueldo por su trabajo, aunque podía vivir allí gratis. A los dos meses, se cambió a una escuela cerca de Londres. Pronto se convertiría en ayudante de predicador. Ahora él hablaba en las horas de oración, leía con los escolares la Biblia y se le permitía hacer su propio sermón en la iglesia. Decía: "Afligirse es mejor que reírse pues la aflicción purifica el corazón". Daba clases de alemán a las hijas del pastor y les contaba cuentos de Hans Christian Andersen. Leía novelas de George Eliot y Charles Dickens y continuaba viendo cuadros. También volvió a dibujar, pero siempre al margen y sólo muy de vez en cuando le salía algo sensato. Visitaba a los enfermos y hablaba del peregrinaje terrenal del hombre. Los domingos por la mañana predicaba en una aldea y por la tarde en otra. Escribió a sus padres:

«Y así van pasando las semanas y nos acercamos al invierno y a las agradables fiestas de Navidad. Mañana tengo que ir a dos sitios alejados de Londres, a Whitechapel -el barrio de la miseria del que seguro que habréis leído en Dickens- y después, en un pequeño barco, al otro lado del Támesis y desde allí a Lewisham.»

Vincent visitó a sus padres en las Navidades de 1876, que, mientras tanto, se habían transladado de Zundert a Etten, en Holanda. Vincent ya no regresaría a Inglaterra. Sucedió que Theodorus van Gogh estaba preocupado por su hijo mayor. Encontró que Vincent citaba exageradamente la Biblia y de forma muy nerviosa. El pastor dijo: "Temo que se convierta en un incapaz absoluto para la vida práctica.

Uno de los dibujos de Vincent de Inglaterra

Resulta amargamente decepcionante". Así que le habló en conciencia a Vincent durante las fiestas y, al comienzo del nuevo año, lo envió inmediatamente a trabajar en una librería de la ciudad más próxima. En su pupitre, Vincent escribía sermones y tradujo la Biblia a varios idiomas. El negocio no le interesaba en absoluto. Su compañero de habitación, P.C. Görlitz, recordaría más tarde:

«Era un hombre que se diferenciaba totalmente de los demás. Su cara era fea, tenía la boca más o menos torcida, además su cara estaba llena de pecas y el color de su pelo tiraba a rojizo. Lo dicho, su cara era fea, pero cuando hablaba sobre religión y arte, algo que sucedía muy rápidamente, se entusiasmaba y entonces sus ojos brillaban y la expresión de su cara dejaba, por lo menos en mí, una profunda impresión; no era la misma cara, se había vuelto bella.»

Vincent escribía sobre temas religiosos y leía en la Biblia hasta que se quedaba dormido. Los domingos iba tres veces a la Iglesia. Raramente comía carne y sólo cuando la patrona insistía. Dijo: "Para la persona, la vida corporal tiene que ser una cosa sin ninguna importancia; es suficiente con una alimentación vegetariana, lo demás es lujo". En la librería, Vincent tenía que vender láminas de arte. Cuando una lámina barata era mejor, convencía al cliente para que no comprara la cara, lo que ponía furioso a su jefe. Así, cuando el padre de Vincent, apenas después de medio año, permitió a su hijo comenzar un estudio de teología en la Universidad de Amsterdam, seguro que el librero se puso contento.

Ary Scheffer: Christus Consolator

Aunque más tarde examinaría acucioso el pupitre de Vincent en busca del más mínimo garabato, pero no encontró ninguno. Entonces Vincent ya había muerto y era famoso.

Vincent tenía ahora veinticuatro años. En Amsterdam se preparó para el examen de admisión en la Universidad y por poco se habría convertido en un respetable pastor. Y los cuadros tendrían que haber sido pintados por otro o no se habría visto nada de su obra. Pero al año, por fin, le entró el aburrimiento con el álgebra y la geometría y los vocablos griegos le salían por las orejas. Le dijo a su profesor: "¿De verdad crees que semejantes cosas tan horrorosas son necesarias para alguien que quiera lo que yo quiero: consolar a los pobres infelices en su suerte aquí en la tierra?". Gracias a Dios, Vincent tiró de nuevo la toalla, lo que, naturalmente, decepcionó a sus padres. Pero, ¿qué habrían tenido de un hijo que fuera por la vida con la cabeza agachada?

El siguiente paso para Vincent fue una escuela metodista en Bélgica. Pero sólo por tres meses, lo que no supuso una gran pérdida. No aprobó el examen. Comenzó a dibujar más. Pero, como artista, seguía faltándole la intuición. En noviembre de 1878, escribió a Theo:

«Me gustaría intentar algo, aunque fueran toscos bocetos de esto y aquello, de innumerables cosas que uno encuentra por el camino, pero quizá me distrajera de mi trabajo y, por eso, mejor no lo intento. En cuanto estuve en casa de nuevo, comencé un sermón sobre "La higuera estéril", Lucas 13, 1-9.»

En Bélgica, Vincent pronto recorrería la cuenca minera, la llamada Borinage. Se había esforzado ante la iglesia por conseguir un trabajo como predicador y ahora impartía clases a los mineros sobre la Biblia. Se podía ser predicador en los ratos libres sin tener terminado el estudio de teología. Vincent celebraba los oficios divinos en una antigua sala de baile y visitaba a los enfermos y heridos en sus chamizos. La Borinage era una zona deprimida donde muchos de los trabajadores estaban esqueléticos y amargados. Raramente veían el sol, salían de las minas con las caras tiznadas cuando ya era de noche. A los hombres, les seguían niños, chicas y chicos, que empujaban las vagonetas bajo tierra; las aldeas en esa zona tenían algo de abandonadas y silenciosas, los tejados de los chamizos estaban recubiertos de polvo de carbón y las chimeneas y las torres

Cuadro de Vincent del carbonero

se elevaban por encima. Detrás, se amontonaban las montañas de carbón; parecían montículos hechos por topos.

Vincent visitó a una anciana de una familia de mineros. Estaba muy enferma y ella se alegró con su visita. Le leyó pasajes de la Biblia y después rezó con toda la familia. Otro día, Vincent iba a ver a un niño postrado con fiebre. O quizá acompañaba a sus padres en el entierro de ese niño un día después. Para eso no necesitaba el latín y el griego. Ahora Vincent llevaba puesto un tabardo de soldado y una mugrienta gorra en lugar del sombrero de copa. Había regalado su ropa antigua. No tenía mueble alguno en su chamizo y por las noches dormía acurrucado sobre el suelo, tampoco compraba ya jabón, pues le parecía un lujo pecaminoso. Su cara, por lo general, estaba más sucia que la de los propios mineros. Él no quería vivir mejor que los pobres a los que daba consuelo e intentaba ayudar en su miseria. A la iglesia no le gustaba esta forma de comportamiento de Vincent. Era obstinado y minaba el estamento social de un evangelista. Porque a Vincent no le interesaban las apariencias y no comprendía cómo podía serle útil un cuello de camisa limpio en su trabajo. Al medio año, la Iglesia prescindió de Vincent. A los mineros, no se les preguntó.

Cargadores de carbón

Ahora comenzaría el "tiempo de muda" de Vincent, que duraría aproximadamente un año. Había intentado inútilmente durante mucho tiempo ponerse al servicio de la Iglesia. Pero su fervor religioso era incluso demasiado para la autoridad eclesiástica. Vincent estaba cansado de la Iglesia e incluso su fe estaba en peligro. Escribió a Theo:

«Lo mismo que para los pájaros es la muda de las plumas, para nosotros son el infortunio, la desgracia y los tiempos difíciles. Uno puede perseverar en ese tiempo de muda, también se puede salir de él como recién nacido, pero eso no sucede públicamente; no es, seguro, divertido y, por eso, es mejor desaparecer. Bueno, que así sea.»

Vincent se sentía desgarrado; su fervor tenía que ir en otra dirección. Su fe buscó un nuevo dios, algo que sucedió de forma automática, ya que Vincent no podía encontrar paz. El entusiasmo y la ira le impulsaban siempre hacia delante. Ése era su ser y su destino. Nadie podía cambiarlo.

Vincent se sentó en un montón de escoria y dibujó a las mujeres recogiendo carbón o cargando con los pesados sacos. También dibujó sus demacradas caras y los rostros tristes de los viejos. Dijo: "Cojo de nuevo el lápiz, que había apartado en mi gran desesperación. Desde entonces, me parece, todo se ha transformado. Creo que me encuentro en el buen camino".

Iba al bosque y al campo, donde Vincent dibujó un castillo, pastores con sus rebaños y vacas en las praderas. Vincent tenía ahora una cara ahuesada y ojos expectantes. Dibujó a campesinos cosechando, a un carretero con su yunta, chamizos recubiertos de musgo. Y siempre más. Tenía veintisiete años. Ya no dejaría de pintar hasta que, finalmente, se pegara un tiro.

9 Cómo Vincent alquiló la casa Amarilla y esperaba a Paul Gaugin

En mayo de 1888, mientras Vincent pintaba en Francia "El puente de Arles", los esclavos eran liberados en Brasil. A Vincent le habría gustado saberlo. El emperador alemán había muerto en marzo y su hijo le sucedió en el trono. Pero éste murió en junio. El siguiente fue Guillermo II. En Alemania, 1888 fue el "año de los tres emperadores". Ese mismo año, Berta Benz cogió el coche de su marido y fue desde Manheim hasta Pforzheim a una velocidad de quince kilómetros por hora, no pudo llegar más lejos. En Austria, la señora Hitler estaba embarazada de su hijo y no intuía nada malo. En Irlanda, un vegetariano inventó el tubular con aire para bicicletas. El compositor Gustav Mahler acabó su primera sinfonía. En Moscú, fue estrenada la primera obra de teatro de Anton Chéjov. El noruego Nansen partió en agosto con su expedicion hacia los hielos de Groenlandia y en el londinense barrio de Est End, empezaba la serie de asesinatos cometidos por "Jack, el Destripador". Y en Arles, Vincent van Gogh esperaba a Paul Gaugin. Gaugin también era pintor.

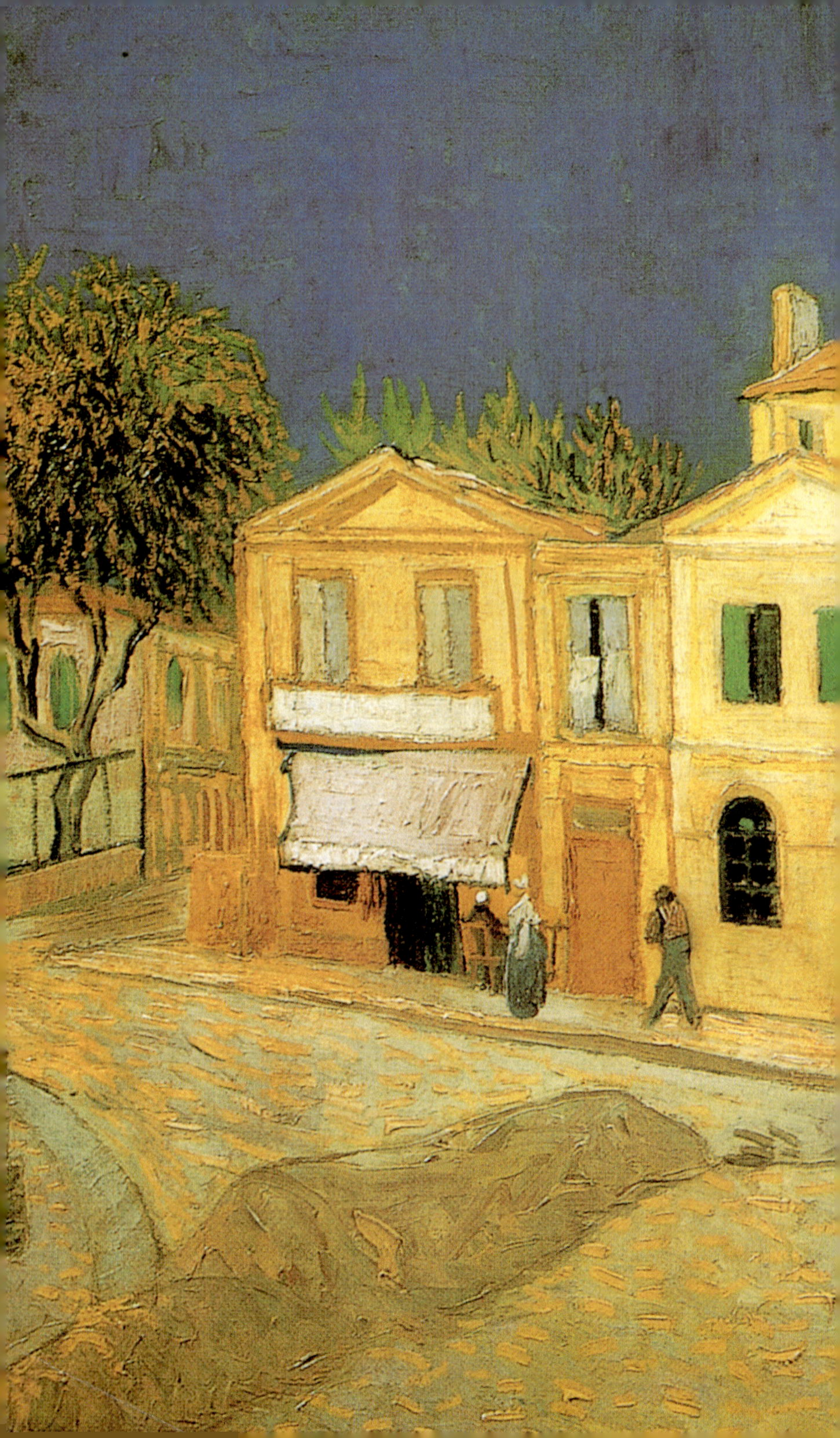

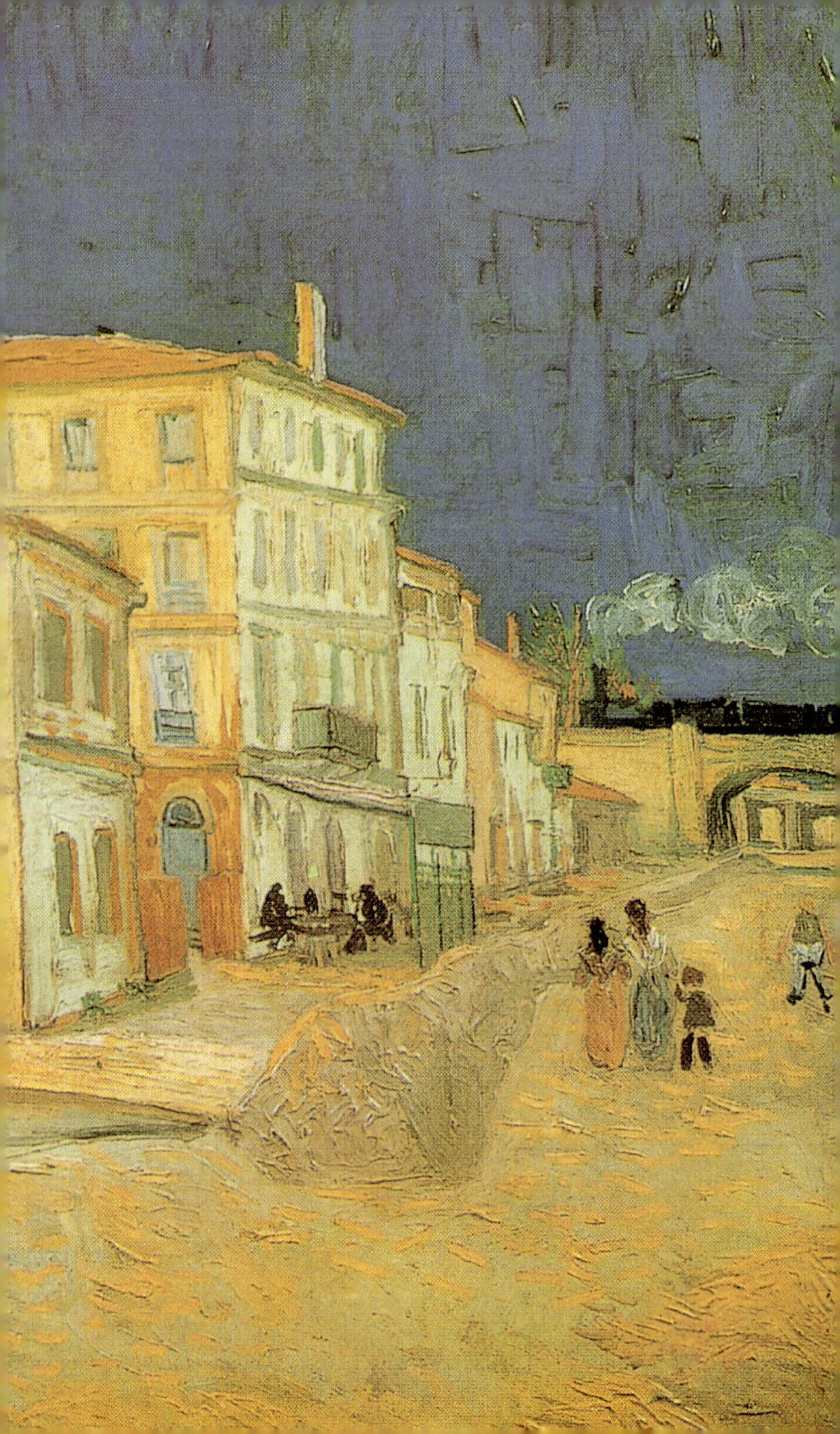

Ya a comienzos de mayo, Vincent había alquilado cuatro habitaciones en una pequeña casa y había mandado que le dieran una nueva capa de pintura. Era la Casa Amarilla. Entre tanto, había comprado dos sillas y una mesa. Pero le faltaba el dinero para una cama. En la Casa Amarilla, Vincent quería fundar una comunidad de artistas. Escribió a Theo: "Ya sabes que siempre me ha parecido una estupidez que los pintores vivan para sí mismos. Uno siempre pierde si se tiene que valer por sí mismo". Gaugin era amigo de Vincent.

La Casa Amarilla se encontraba en la plaza Lamartine, entre el Rhône y el barrio de la estación, a un tiro de piedra del café donde Vincent había alquilado una cama. En la planta baja, la puerta y las ventanas tenían arcos redondos; arriba se encontraba el dormitorio de Vincent. La otra habitación era para Gaugin, si venía. El tendero Crevoulin tenía su tienda al lado, en la parte izquierda de la doble casa. Sobre la puerta colgaba un letrero con la inscripción: "Exquisiteces - Alimentación", aunque Crevoulin vendía, sobre todo, patatas y alubias. Vincent escribió a Gaugin:

«La vida aquí, sin embargo, me parece bastante cara, aunque también las posibilidades de conseguir cuadros son muy grandes. Sea como fuere, si mi hermano envía doscientos cincuenta francos al mes para los dos, ¿vendrías? Lo compartiríamos.»

Paul Gaugin: Autorretrato con Émile Bernard

Gaugin tenía deudas, aunque ya era uno de los mejores pintores de Francia y cada vez se volvía mejor. Inicialmente, había navegado en alta mar y había trabajado como agente de bolsa. Pintar solamente lo había hecho al margen. Después de un crack bursátil, fue despedido por su banco. Desde entonces, pintaba todos los días mientras llevaba una tortuosa vida de hambre. Aun así, no aceptó inmediatamente la oferta de Vincent. En alguna parte, Gaugin tenía una mujer y cinco hijos. En junio, Vincent viajó con el coche de correos al mar Mediterráneo. Después pintó barcas rojas, verdes y azules en la playa con sus mástiles y barras cruzando el cielo. Escribió a Theo: "Ahora, una vez que he visto aquí el mar, noto claramente lo importante que es quedarse en el sur y sentir que uno tiene que intensificar todavía más los colores. Africa no queda lejos".

Barcas en el Mediterráneo

Vincent se encontraba en el campo. Pintó a un sembrador a la puesta del sol. El sol corre sobre los cereales como una gigantesca rueda. Pintó una casa de campesinos de amarillo y un campo de trigo con gavillas y segadores. Después pintó las espigas al viento, el puente de Trinquetaille. Sin embargo, con el de Arles había terminado definitivamente en mayo, aunque, de vez en cuando, pintaba lavanderas, con sus abigarradas tocas. Vincent colgó unas cuantas estampas de Japón en la Casa Amarilla, también cuadros propios. La mayoría, sin embargo, los enviaba a París, donde Theo debía intentar venderlos, algo que resultaba harto difícil. A mediados de junio, Vincent se afeitó la cabeza.

Pintó el canal de azul oscuro y verde y una vista de Arles, donde en la periferia humeaban las chimeneas de la fábrica. Sobre Gaugin escribió: "Seguro que sería mejor si, en lugar de estar asfixiado en la porquería del norte, se viniera directamente aquí". Cuando el tiempo era malo, Vincent se quedaba en casa. Entonces le gustaba ponerse a pintar retratos porque el descanso para él era impensable. Se había hecho, por ejemplo, amigo de un zuavo, esto es, de un soldado francés. Entre expedición y expedición, Vincent le daba clases de dibujo, aprovechando, naturalmente, la oportunidad para pintarlo. El zuavo tenía cogote de toro y ojos de tigre. Vincent escribió a Theo:

«He colocado contra una puerta pintada de verde y las tejas rojo amarillentas de un muro la felina, tostada cabeza con la gorra rojo granza. Es, pues, una composición atrevida de tonos chillones, nada fácil de ejecutar.

El estudio que he hecho de ello, me parece muy duro y, aun así, me gustaría continuar trabajando en retratos tan vulgares y de colores chillones como éste. Eso me enseña muchas cosas y es lo que pido, sobre todo, de mi trabajo.»

Pero el zuavo consideraba los cuadros de Vincent anormales. Le gustaban los dibujos, pero cuando Vincent cogía el pincel se largaba o comenzaba a discutir con Vincent. "No tenía una forma de ser fácil", dijo el zuavo. "Y si se ponía furioso, me parecía un loco". Dijo:

75

Retrato del zuavo Paul-Eugène Millet

«Van Gogh dejaba que el color le quitara el rango al dibujo, lo que, naturalmente, es una estupidez, ya que el color complementa el esbozo. Y además, ¡qué color!... Excesivo, anormal, prohibido. Sobrecalentados, demasiado violentos tonos, no suficientemente contenidos... Como pintor, hay que hacer un cuadro con amor, no con pasión. Un lienzo tiene que convertirse en algo digerible. Van Gogh, lo viola... a veces era verdaderamente repugnante, un hijo de puta, como se suele decir.»

Hoy, al zuavo se le conoce gracias al cuadro de Vincent. No sabía nada de pintura.

Así que Vincent echó el verde en el lienzo y de ahí hizo una pradera con sauces llorones. Escribió a Theo: "¿Tienes noticias de Gaugin?". Ya en julio, lleno de alegría, mandó barrer y limpiar la Casa Amarilla. A veces, durante días, no cruzaba una sola palabra con nadie. Pintó una ladera rocosa con un roble y lo hizo arando el lienzo como un campesino ara la tierra. Lanzaba pinceladas salvajes hacia el lienzo y las dejaba tal como caían. Ésos se convirtieron en sus cuadros más bellos. Vincent continuaba así hasta que, finalmente, le dolían los huesos. Dijo:

«Gruesas manchas de pintura, trozos de lienzo sin pintar, aquí y allá una esquina sin acabar, sobrepintados, crudezas; resumiendo, el resultado es, me temo, bastante intranquilizador e inquietante y de ninguna forma hará felices a las personas con opiniones preconcebidas sobre la técnica.»

Barcas de pesca en el Mediterráneo

Vincent pintaba sus cuadros como sentía. No le interesaba la reproducción exacta de un objeto, eso se lo dejaba tranquilamente a otros pintores. Vincent quería pintar, sobre todo, lo esencial, ya que para él la verdad se encontraba en la esencia de las cosas, no en su apariencia externa. Daba lo mismo que la orden en el pecho del zuavo fuera redonda y el mástil del bote totalmente derecho. Al contemplar el cuadro, más bien, había que conocer a las personas o sentir el viento en la vela del bote. Vincent dijo: "En toda la naturaleza, en los árboles, por ejemplo, veo expresividad y, de alguna manera, alma".

Ese agosto, Vincent pintó cuadros del cartero Roulin.

Cuadro amarillo de Vincent del cartero Joseph Roulin

Para conseguir que se estuviera sentado, Vincent lo invitaba a comer, pero, por lo general, Roulin prefería beber algo. Tenía los ojos bizcos y una cara amarilla. La barba le crecía como musgo alrededor del cuello y una oreja roja sobresalía como un caracol. Rápidamente, el cartero se convirtió en un buen amigo de Vincent. En ocasiones, Vincent se lo encontraba por las noches en el café de la estación. Allí, el humo ascendía en el aire, olía a tabaco, vino y aguardiente barato. En medio de la sala, se encontraba una mesa de billar con el

El café nocturno, donde Vincent escribía cartas a Theo

aspecto de una vieja bañera con las patas torcidas. Las lámparas de petróleo ardían y la luz fluía en pálidos círculos a su alrededor. Después de la medianoche, las lámparas llevaban a cabo su propio juego. Los últimos clientes estaban sentados dispersos por el local y la mayoría de ellos ya hacía tiempo que tenía la cabeza nublada. Si estaba solo en el café, Vincent escribía cartas. Escribió a Theo: "Me vienen ideas en avalancha para el trabajo y, por eso, pese a mi soledad, no tengo ningún tiempo para pensar y sentir; estoy en camino como máquina de tren pintora". Pintó la terraza de un café de noche y el cielo estrellado sobre el Rhône. Las estrellas ascienden por encima del río como globos verdes.

El 17 de septiembre Vincent se fue a vivir a la Casa Amarilla. Por fin, Theo había enviado dinero para dos camas. Se había cumplido un gran sueño: Tenía su propia casa y quería ponerla bonita. Vincent seguía esperando a Gaugin y le enviaba cartas. El tono de admiración por los cuadros de éste crecía cada vez más. La gran casa de los artistas en el sur se convirtió en el gran ideal para Vincent. Pero Gaugin seguía indeciso. Estaba enfermo y ni siquiera tenía dinero para el viaje. Gaugin escribió: "Mis deudas crecen de día en día". Aunque eso quizá fuera solamente un truco. Vincent dijo: "Como antiguo agente de bolsa, quizá él (Gaugin) quiera hacer algún negocio, pero yo no voy a colaborar". Sin embargo, inesperadamente, Theo vendió en Goupil algunas cerámicas de Gaugin. La situación había cambiado. Finalmente, Paul Gaugin llegaría a Arles el 24 de octubre de 1888. En las paredes de la Casa Amarilla colgaban cuadros de girasoles.

Terraza de café en Arles de noche

10 Cómo Vincent se convirtió en Pintor de Campesinos

El puente estaba al descubierto, las cadenas tensas, el brazo palanca se balanceaba perpendicularmente en el aire. Hasta allí, raramente subía un bote por el canal. Las junturas del puente estaban viejas y rígidas. Los tendones o las maromas podían romperse con el próximo esfuerzo. No se veía a ningún guardapuentes. Por el helado barrizal, una mujer anciana caminaba con su cubo. Estaba encorvada y miraba fijamente hacia adelante. Era noviembre de 1883. Vincent se encontraba ahora en Drenthe, así se llama esa provincia en el noroeste de los Países Bajos.

Puente levadizo en Drenthe

Los últimos años los había pasado primero en Bruselas y Etten, donde se había enamorado de su prima. Pero ésta lo rechazó. Mientras tanto, se había enfadado con su padre. Ha recibido clases de dibujo con Anton Mauve en La Haya y ha vivido con una mujer durante un corto período de tiempo. Después, Vincent rompió con estos dos. Se encontraba en Drenthe para pintar. Dijo: "A mí tampoco me respetará la desgracia".

Aquí el cielo colgaba como un paño blanco sobre el paisaje, reflejándose en los caminos encharcados por la lluvia. Las blancas orillas de arena transcurrían a lo largo de los canales, un polvo claro recubre las casas y los graneros. De pronto, el cielo se puso en movimiento. La tempestad desgarró la capa de nubes y una luz totalmente distinta cayó sobre el paisaje. Ahora Drenthe se encontraba

Casa de campo con turbera

bajo oscuras sombras, el agua de los charcos se volvió maloliente. Putrefactas raíces de roble sobresalían retorcidas. En la turbera, había montones de turba y las cabañas de los recogedores de turba parecían terraplenes negros. Aquí la gente vivía del precario negocio de la turba. Pasaban el día inclinados sobre la turba en el frío viento que soplaba sobre la desconsolada llanura. Vincent dijo: "Una naturaleza que tiene tanta grandeza, tanta dignidad y seriedad tiene que ser tratada con paciencia y tranquilidad en un penoso trabajo".

Dibujó los troncos de las turberas, pintó a los silenciosos campesinos. Chamizos con el cálido resplandor del fuego detrás de las ventanas. Como los maestros de Barbizon y los pintores de la escuela de La Haya, Vincent se encontraba en medio del campo, con lienzo y pinturas. Había aprendido mucho con Anton Mauve. Los colores de Vincent parecían sacados de la tierra o del fondo de la turbera. Tenía treinta años, con surcos en la frente y arrugas en la cara, como si

Dos campesinas recogiendo turba

tuviera cuarenta. Sus manos estaban llenas de callos y ampollas. Hizo el cuadro de los altos chopos con sus otoñales hojas y pintó a un pastor con su rebaño. Las ovejas eran mitad lana y mitad suciedad. En una ocasión, Vincent estaba pintando una cabaña cuando, de pronto, dos ovejas curiosas y una cabra se subieron al tejado y se pusieron a pacer tranquilamente. La cabra todavía ascendió hasta el caballete del tejado y miró hacia dentro por la chimenea. Pero la campesina ya estaba delante de la puerta y tiraba la escoba hacia el tejado. Una ocasión para que Vincent también sonriera. Sin embargo, por lo general, se encontraba en un estado de ánimo sombrío. Estaba tan solo que, incluso, quiso convencer a Theo para que también él se hiciera pintor. De esta forma, habrían viajado los dos por el país y probablemente también los dos se habrían muerto de hambre. Porque sucedía que Theo enviaba regularmente dinero a Vincent. Vincent le escribió desde Drenthe:

«Me siento tan terriblemente melancólico cuando el trabajo no me ofrece ninguna distracción. Eso lo comprenderás, y tengo que trabajar y trabajar ligero y olvidarme de mí mismo en el trabajo porque, de lo contrario, podría conmigo.»

Era el precio que Vincent tenía que pagar. No recibía nada de la felicidad normal. Para la gente en la aldea, él era un inútil y un loco. Pero los cuadros de Vincent de Drenthe son sus primeras obras maestras. Ahora el arte avanzaba.

En diciembre de 1883, Vincent caminó durante seis horas por el campo bajo el agua y la nieve. Después se subió al tren con sus útiles de pintar y regresó a casa de sus padres. Theodorus van Gogh había enviado dinero a su hijo para el viaje. Vincent se quedaría dos años en el municipio donde su padre era pastor. Se llamaba Nuenen y estaba al sur de los Países Bajos. Los padres le habían cedido la lavandería de la casa parroquial para taller. Pero Vincent tampoco aguantó allí mucho tiempo, pronto se buscaría otro sitio para trabajar, ya que a sus padres y hermanos les habría gustado tenerlo en casa como un perro lanudo de patas sucias. Vincent dijo: "Me he encontrado a mí mismo. Yo soy ese perro".

En Nuenen, Vincent pintó la iglesia, la casa parroquial y el cementerio de los campesinos. También hizo un dibujo de una alameda. Se ve a un hombre viejo, pequeño e indefenso, entre los fríos árboles. En sus caminatas por los alrededores, a veces le acompañaba la hija del vecino. Margo Begemann fue la única mujer que se enamoró de Vincent. Iban juntos a la campiña o visitaban a los tejedores e hiladores. Pero la familia de ella no estaba de acuerdo con esa relación. Al final, Margo, desesperada, tomaría veneno, aunque no le

Alameda en Nuenen

pasó nada. Murió en 1907. A Vincent le habría gustado tenerla como esposa. Pintó la vieja torre del cementerio, una ternera recién nacida en la paja y a los tejedores en sus telares. Los tejedores ganaban poco dinero por su trabajo y no conseguían salir adelante en la vida.
En marzo de 1885, un ataque terminó con la vida del padre de Vincent, la madre viviría aún veintidós años. Por entonces,

El tejedor en su telar

Vincent pintaba, sobre todo, cabezas de campesinos, hizo unos cincuenta retratos. Donde mejor se encontraba era con los sencillos trabajadores del campo. Escribió a Theo: "Si digo que soy un pintor de campesinos es que verdaderamente es así y eso lo verás más claramente en el futuro, ahí me siento en casa".

En una ocasión, Vincent llegó de noche a una oscura choza. En esos momentos, el reloj daba las ocho, el viento soplaba por una de las ventanas, olía a petróleo y a tierra húmeda, las vigas cruzaban el techo de la habitación y un cuadro de Cristo en la cruz colgaba de la pared. La familia de campesinos cenaba sentada alrededor de una pequeña mesa.

El vapor de las patatas calientes ascendía hacia la luz y había un claro resplandor sobre la hija del campesino, sentada de espaldas a Vincent, que miraba silenciosa a la fuente con las patatas. Los padres de la chica metían los tenedores dentro de la fuente, sus manos eran huesudas y grandes.

Habían sacado las patatas de la tierra en otoño. Más tarde, Vincent dijo: "El cuadro, pues, habla de su trabajo con las manos y de que se han ganado honradamente su comida". La abuela sirvió té. El abuelo estaba ya bebiendo, pero el té estaba demasiado caliente. Las mujeres llevaban en su cabeza polvorientas tocas y los hombres viejos gorros, que mantenían puestos durante el trabajo en el campo. Vincent pintó a los campesinos con la tierra que cultivaban: Eso también lo había dicho la gente de los pintores de Barbizon. Con "Los comedores de patatas", Vincent se aproxima por primera vez a las obras maestras de estos pintores. Aunque Vincent ideó las bulbiformes caras de los campesinos, éstos tenían un aspecto como si hubieran crecido bajo las profundidades de la tierra.

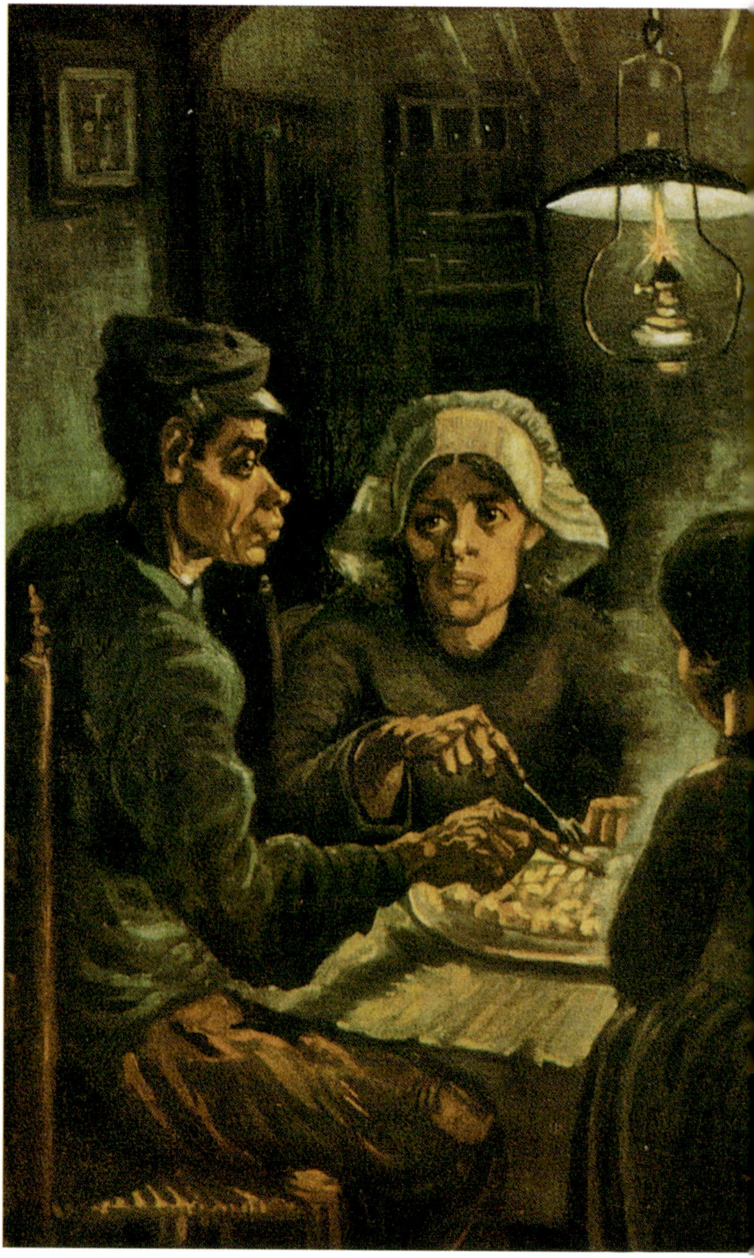

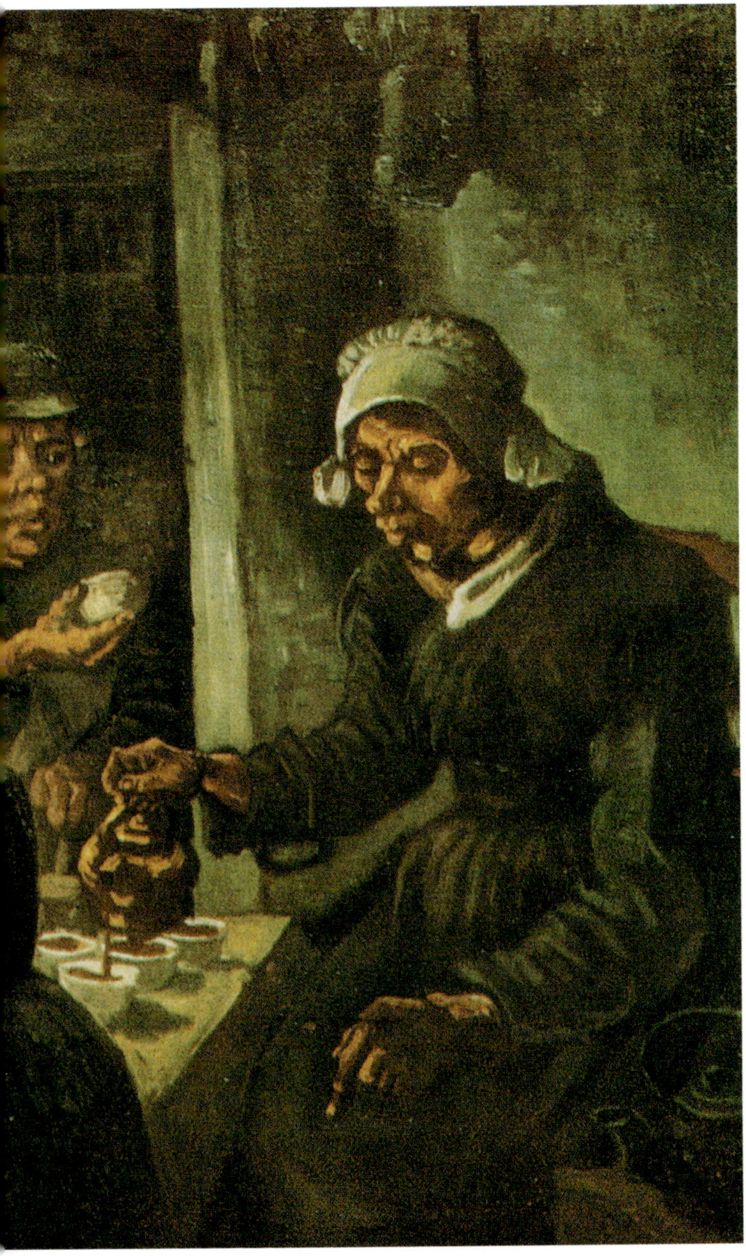

El cuadro expresaba la verdad sobre su difícil situación.

Vincent pintó una puesta de sol, un chamizo de paja al atardecer y, de nuevo, el cementerio, donde las cruces de madera de las sepulturas eran subastadas para leña. En otoño, pintó repollos y cebollas, también otra vez patatas. En noviembre, se marchó a Amberes. En Nuenen ya no avanzaba con el trabajo. Un artista tiene que avanzar siempre y, además, la mayoría de los aldeanos desconfiaban de él.

En Amberes, Vincent pintó el puerto y los barcos en el muelle. Se compró la primera estampa de Japón, que colgó en su habitación. Pero Vincent también quería entrar en la Academia de Arte. Allí las salas estaban calientes, no costaba nada y los modelos se dejaban pintar desnudos. A los campesinos jamás les habría convencido para que se desnudaran. En una ocasión, durante una sesión con modelos, dos luchadores estaban sobre el estrado y Vincent hizo su cuadro con entusiasmo y lo más rápidamente que pudo. Llevaba puesta una bata de trabajo azul y una gorra de piel. Su paleta era una simple chapa de metal, que había sacado

Calavera con cigarrillo encendido

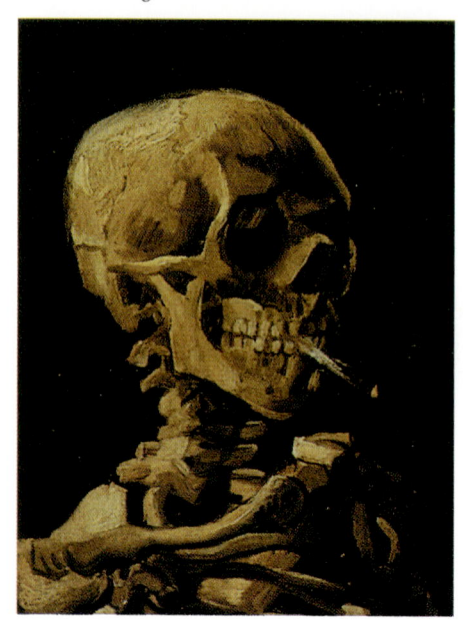

de una antigua caja de azúcar. La pintura goteaba de su lienzo hacia el suelo, lo que provocó la risa de los demás alumnos. Llegó el director de la academia y preguntó: "¿Quién es usted?". Vincent dijo: "Wel, Ik ben Vincent, Hollandsch"*. A los dos meses, prefirió irse a París. Eso sucedió en marzo de 1886.

---

* "Bueno, soy Vincent, holandés".

11 Cómo Vincent en Paris ya no pintó cuadros oscuros, sino luminosos

Vincent llegó a París por las mismas fechas que la Torre Eiffel. En enero de 1887, tenía todavía este aspecto:

Entonces Vincent tampoco había avanzado mucho. Pero dijo: "El aire francés despeja la cabeza y sienta bien, tremendamente bien... Lo que aquí se puede conseguir es progreso y el diablo sabrá qué es, pero aquí se encuentra". Entonces París estaba considerada como la capital del mundo. París era moderno. Los grandes bulevares y avenidas estaban llenos de luminosidad cambiante y el sonido de las campanas de Notre Dame se deslizaba por los tejados de la ciudad. Sonaba música por todas partes, se silbaba y se bebía. En la terraza de los cafés, se hablaba sobre la nueva novela de Zola mientras se bebía vino y se fumaba. En las estanterías a orillas del Sena, había libros de todos los países. Los marchantes ofrecían en sus carpetas también grabados sobre madera (estampas) de Japón, cuyos colores entusiasmaban a media ciudad. En los antiguos molinos de viento, los señores se desprendían de los cuellos de sus camisas. El "Moulin de la Galette" era uno de los locales más conocidos. Se paseaba por delante de los grandes comercios en los bulevares o se cogía el ómnibus para visitar las Tullerías. Las damas, en el piso de arriba, con sus sombreros a la última, parecían pájaros de colores. En la empinada Rue des Martyrs, los caballos se quedaban sin aliento. En Montmartre, se continuaba construyendo la iglesia de Sacré Coeur, que parecía el Taj Mahal. Realmente, entonces se construía mucho en París. La Torre Eiffel sería terminada en mayo de 1889; pero entonces Vincent ya estaba en el manicomio.

El hermano de Vincent, Theo, con treinta y dos años

Vincent vivió en París en casa de su hermano. Theo van Gogh dirigía una pequeña galería para Goupil en el bulevar de Montmartre. Todavía no había cumplido los treinta años, pero era considerado en el negocio. En la galería de Theo, Vincent vio por primera vez los cuadros de los impresionistas. Al principio, muchos le parecieron feos y mal pintados. Pero no pasaría mucho tiempo y algunos de los impresionistas se

Claude Monet: Mujer con sombrilla girada hacia la izquierda

harían amigos suyos. Admiraba a Edgar Degas y los paisajes de Claude Monet. Estaban pintados con sol y viento. Los impresionistas pintaban la luz y el momento fugaz. En la primavera de 1886, Vincent estudió en los talleres del pintor Cormon, allí conoció a Henri de Toulouse-Lautrec y a Émile Bernard. Toulouse-Lautrec era enano, pero, como pintor, era el más grande de los dos. Más tarde, Vincent viajaría con Bernard a la cercana Asnières, donde pintaron el río y se hicieron una fotografía a orillas del Sena. Hasta ahora, los

Émile Bernard de frente y Vincent de espaldas

cuadros de Vincent habían estado llenos de oscuridad, sus colores eran tierra y arena. Los colores de la naturaleza. A los tejedores, los había pintado a la sombra de sus telares; a los campesinos, en el color de los campos recién arados. Ésas fueron sus primeras obras maestras. Pero ahora Vincent quería nuevos colores. Ya en su última carta, hacía medio año, le había escrito a Theo desde Nuenen:

«Actualmente, el deshielo ha llegado a mi paleta, ha desaparecido la rigidez de los comienzos (...) Una cabeza de hombre, una cabeza de mujer contemplada tranquilamente es algo divinamente bello, ¿no es cierto? Bien, ese estado general de armonía de los colores en la naturaleza, eso también se pierde en una meticulosa reproducción; se mantiene, por medio de la nueva creación de una escala de colores que transcurre *paralelamente*, que, en último caso, no coincide exactamente o muy poco con lo ofrecido por la naturaleza (...).

Henri de Toulouse-Lautrec: Vincent van Gogh

Pongamos por ejemplo que yo quiero pintar un paisaje otoñal, árboles de follaje amarillo. Bien, si yo lo entiendo como una sinfonía en amarillo, ¿qué importancia puede tener si mi color básico amarillo es el mismo amarillo del follaje? Tiene que ver poco. Mucho, todo, depende de mis sensaciones para la infinita diferencia de tonos en *una y misma familia de colores.*»

Bajo la influencia de la pintura impresionista, Vincent llevó a cabo experimentos con colores. En París, por fin, llegó el sol a sus cuadros, la paleta se aclaró. Dijo: "El verdadero dibujo es un modelar con color". Vincent tenía treinta y tres años y debido al mal estado de su estómago, perdió casi todos sus dientes. Mientras que sus cuadros holandeses eran pictóricamente anticuados, ahora él estaba a la altura de los tiempos. En París, el arte era moderno. Vincent pintó el cuadro de una amplia avenida. Bajo altos árboles, pasean mujeres con sombrillas rojas. Pintó un florero con claveles rojos y, el día de la Fiesta Nacional, banderas multicolores en las calles. Vincent compraba sus pinturas en la tienda de Père Tanguy. Émile Bernard escribió más tarde:

Jarrón con gladiolos

«En cuanto entraba (Vincent), vaciaba los cajones con los tubos de pintura, ya que su forma de pintar era extremadamente dilapidadora. Pintaba desde el mismo tubo, aplicaba la pintura directamente desde el tubo, en lugar de utilizar un pincel.»

Vincent pintó enseguida varios retratos de Tanguy. En su tienda, vio también cuadros de otros pintores modernos que allí exponían. Uno se llamaba Paul Gaugin. Vincent pintó huertos de Montmartre, un tiesto con puerros, limones en un plato. Pintaba cuanto veía. Miró desde la ventana de su habitación en el piso de Theo y pintó los tejados de París. Para ello, aplicó en el lienzo puntos muy juntos de múltiples colores. Cuando los cuadros estaban terminados, parecía como si hubieran sido disparadas flechas puntiagudas contra el lienzo. Era el "puntillismo", la idea venía de Georges Seurat.

Puntillismo: Vista de París desde su habitación

En mayo, Vincent pintó castaños floridos; en verano, un autorretrato con sombrero de paja. Aquí los puntitos se han convertido ya en trazos cortos. Vincent dijo: "Uno pinta como es". Hizo más cuadros sobre el Sena y las fábricas a las afueras de la ciudad, que tenían tejados rojos. En otoño de 1887, junto a Bernard, Toulouse-Lautrec y otros amigos, Vincent organizó una exposición en una simple taberna. Vincent había convencido al tabernero. Sin embargo, los dos riñeron y a Vincent le tocó perder. Tuvo que recoger de nuevo los cuadros en una carretilla. Paul Gaugin fue uno de los pocos que habían ido a ver la exposición. Acababa de regresar de Martinica, donde había vivido como un indígena más. De inmediato, Vincent intercambió cuadros con Gaugin; así se hicieron amigos y pronto Theo compraría trabajos de Gaugin para la galería. Vincent le dijo a Gaugin: "Ya sabes que mi hermano y yo valoramos mucho tus cuadros". Hablaban sobre arte y política. A mediados de febrero de 1888, Gaugin viajó a la Bretaña, en el norte de Francia, para pintar.

Vincent en el verano de 1887

Paul Gaugin: Bajo los mangos

Unos días más tarde, Vincent empaquetó de nuevo sus cosas. Quería ir al sur, allí donde había más luz que en París. Le dijo a Émile Bernard: "Mañana me marcho, pero vamos a dejar el taller de forma que mi hermano piense que sigo aquí". Vincent colocó estampas de Japón en la pared y cuadros en el caballete, para que Theo no le echara tanto de menos. El 19 de febrero, Theo llevó a su hermano a la estación. Vincent dijo: "Ahora hay que montar el taller del futuro en el sur". Después marchó a Arles. En dos años en París, Vincent había pintado más de doscientos cuadros.

12 Cómo Vincent se volvió loco y pintó algunos de sus cuadros mas hermosos

Vincent escribió a Theo:

«Yo sabía que Gaugin había navegado, pero no sabía que fuera un auténtico marinero; ha pasado por todas las situaciones difíciles, ha sido un verdadero huésped en la cofa de los barcos y un auténtico marinero. Eso hace que sienta un tremendo respeto por él y todavía una confianza mayor e incondicional en su personalidad.»

Era a finales de octubre de 1888. Vincent estaba contento de tener, por fin, a su admirado amigo en Arles. Sin embargo, le molestaba que Gaugin, pese a su estrecha frente, dispusiera de una alta inteligencia. Sucedía que Vincent consideraba que tener poca frente era un clara señal de imbecilidad. Dio un paseo con Gaugin por Arles, pero ya al día siguiente se pondría de nuevo a pintar. Pintó, para la Casa Amarilla, un sembrador y el tronco de un olmo. Gaugin primero tenía que ambientarse.

En la casa todo estaba en desorden, los tubos estrujados de pintura tirados por todas partes. Vincent tenía tantos que no cabían en las cajas. Ni siquiera los cerraba. Había cubos y botellas por las esquinas, junto a girasoles secos. Vincent los había pintado cuando florecían como parte de la decoración para la Casa Amarilla. Ahora dos de ellos colgaban en la habitación de Gaugin y Vincent

Uno de los famosos cuadros de Vincent con girasoles

había preferido adornar la casa con girasoles. Pero, después de haber pintado en agosto el cuarto cuadro, ya había pasado el tiempo de la floración de los girasoles. Además, para la Casa Amarilla, pintó también una noche estrellada y otros cuantos cuadros más. En octubre, un cuadro de su habitación. Vincent debería haber descansado en aquella cama porque, en realidad, estaba tan agotado antes de la llegada de Gaugin que tuvo que dejar de pintar durante unos días. Pero desde que Gaugin estaba en Arles, Vincent se sentía mejor y por eso avanzaba muy rápido. Entre tanto, Gaugin había pintado el cuadro de una isleña negra, ahora estaba pintando el café de la estación de Arles. Los dos podían comparar sus respectivos cuadros. En noviembre, Vincent escribió a Theo: "Traba-jamos mucho y la vida compartida promete". Gaugin compró una cómoda y cacharros para la casa. Se hizo con distintas cajas: En una iba el dinero para el alquiler, para el tabaco y para el jabón; en otra, dinero para la alimentación. Para ahorrar, Gaugin quería cocinar en casa. Vincent siempre había preferido ir al restaurante, ahora solucionaba la compra para Gaugin. Escribió a Theo: "Tengo que decirte, además, que cocina excelentemente; creo que voy a aprender de él, resulta tan cómodo". Sin embargo, Vincent movía la sopa como si se tratara de pintura. Gaugin pintó una mujer con cerdos y explicó a Vincent cómo pintaba de memoria. Pero Vincent prefirió pintar dos cuadros de sillas. La suya era sencilla y clara; la de Gaugin, más elegante y oscura. En el asiento pintó una vela encendida.

La habitación de Vincent en la Casa Amarilla

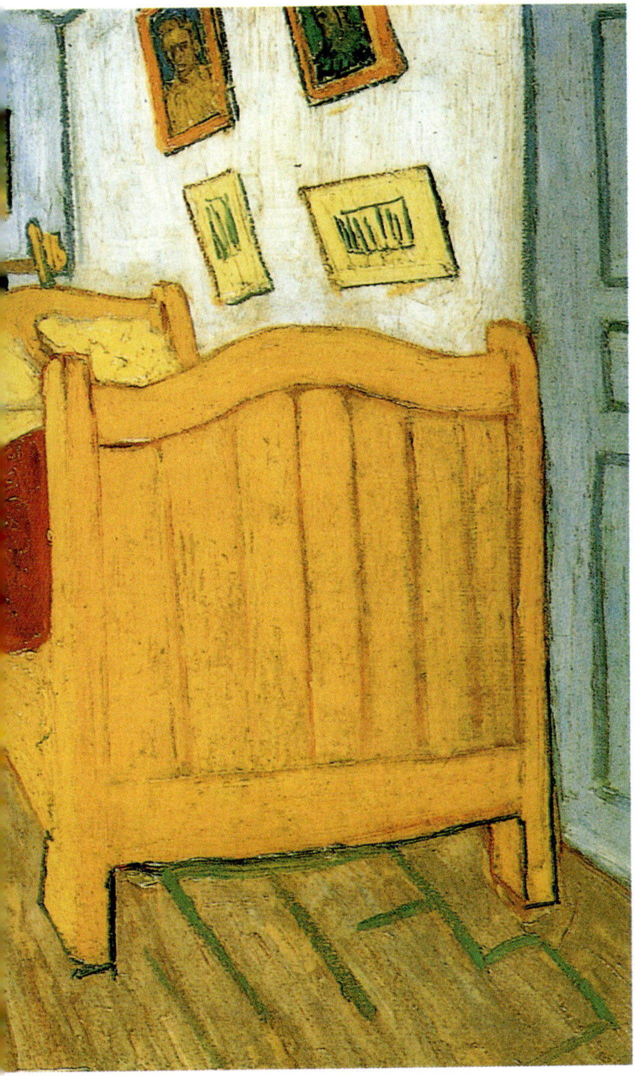

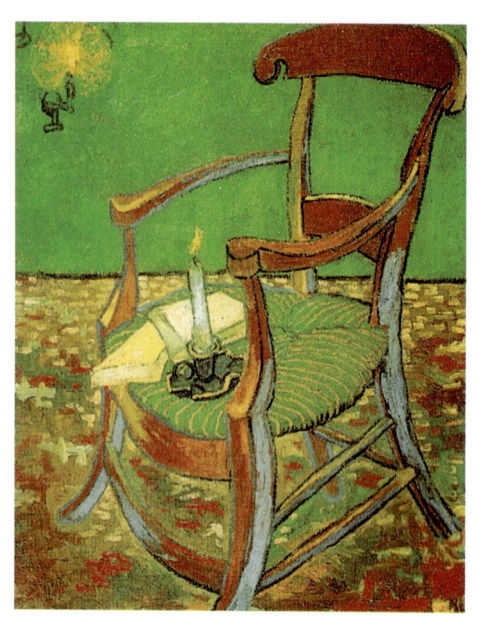

La silla de Gaugin

Esto funcionó, durante un par de semanas. Parecía como si el sueño de Vincent de una casa de artistas en el sur se hubiera cumplido. Los dos pintaban durante todo el día. Pero Gaugin volvió a hablar de la Martinica. Quizá ya soñara con Tahití. Efectivamente, más tarde iría allí y pintaría sus famosos cuadros. Gaugin escribió a Émile Ber-nard: "Me siento totalmente desgraciado en Arles. Lo encuentro todo mezquino y miserable. El paisaje y la gente". Por eso, Gaugin jamás pintó el pueblo de Arles. Además, Vincent había empezado a intentar influir en los cuadros de Gaugin. Gaugin no lo soportaba. Sus opiniones sobre la pintura se diferenciaban notablemente, ninguno daba la razón al otro.

Vincent pintó, de nuevo, más retratos del cartero Roulin, después, hasta el agotamiento, a toda su familia. El pequeño Camille tenía una cara seria y dientes horribles. A mediados de diciembre, Vincent escribió a Theo: "Creo que Gaugin está bastante harto de la buena ciudad de Arles, de la Casa Amarilla en la que trabajamos y, sobre todo, de mí mismo". Ahora Vincent pintaba ininterrumpidamente; sin embargo, su sueño de amistad y felicidad se rompió.

Al principio sintió un gran dolor, después se volvió tranquilo y silencioso. Gaugin dijo más tarde;: "Desde que le dije que quería irme de Arles, se volvió tan raro que yo apenas si respiraba". A veces, de noche, Vincent se levantaba y se quedaba de pie en la oscuridad delante de la cama de Gaugin. "¿Qué sucede, Vincent?", preguntaba Gaugin cuando, de repente, despertaba. Entonces, Vincent se iba de nuevo.

Camille Roulin, hijo del cartero Roulin

Paul Gaugin: Van Gogh pintando girasoles

El 23 de diciembre, Gaugin abandonó la casa después de la cena para dar un paseo y respirar aire fresco. Olía a lauros floridos. De pronto, oyó rápidos pasos detrás de él. Más tarde, Gaugin escribió: "Me di la vuelta, ya que Vincent estaba raro desde hacía un tiempo y yo tenía cuidado. Me dijo: "Son silenciosos, pero yo también lo seré". Esa noche, Gaugin se fue a dormir a un hotel. A la mañana siguiente, cuando regresó a la Casa Amarilla, encontró gente y policías delante de la casa. La casa y los cuadros estaban salpicados de sangre y a Vincent ya lo habían llevado al hospital. Cuando Vincent regresó a casa por la noche, se había cortado media oreja, en un ataque de locura, con la navaja de afeitar. Gaugin abandonó Arles dos días después. En el periódico se podía leer:

«El último domingo por la noche, a las 23,30 horas, apareció un Vincent Vaugogh (sic), pintor nacido en Holanda, delante de la *maison de tolérance nº 1*, preguntó por una tal Rachel y le entregó su oreja con las palabras "Guarda bien este objeto". Después desapareció. Al conocer esta situación, que solamente puede haber sido realizada por un infeliz trastornado, al día siguiente la policía se personó en su domicilio y lo encontró en la cama, con apenas señales de vida. El infeliz fue ingresado inmediatamente en un manicomio.»

Vincent viviría aún año y medio más. En enero de 1889, regresó una vez más a la Casa Amarilla, pero la gente de Arles ya no lo quería tener allí. En febrero, algunos de ellos escribieron una solicitud al alcalde pidiendo que Vincent fuera encerrado de nuevo. Solamente el cartero

Autorretrato rojo con la oreja vendada

Roulin permaneció siempre como su amigo fiel. Vincent pintaría todavía más cuadros de él y de su familia; en uno de ellos, llueven flores sobre la cabeza de Roulin. La Casa Amarilla fue precintada en febrero. A finales de abril, Vincent envió sus cuadros como mercancía a Theo, en París. Pintó el dormitorio y el floreciente jardín del hospital y, una vez más, los melocotoneros en flor. Le recordaban Japón. En mayo, quiso irse al manicomio de Saint-Rémy, 27 kilómetros al norte de Arles. Escribió a Theo:

«Comenzar de nuevo esta vida de pintor como hasta ahora, solo en el estudio, sin otra distracción que ir al café o al restaurante, expuesto constantemente a los reproches en las miradas de los vecinos, no lo soporto más; vivir con otras personas, con otros artistas es quizá difícil, muy difícil, se asume una responsabilidad demasiado grande. Ni siquiera me atrevo a pensar en ello.»

A Vincent se le permitió instalar un estudio en Saint-Rémy. Veía un campo de cereales a través de las enrejadas ventanas. Por las mañanas, el sol se elevaba por encima. Pronto, Vincent podría pintar fuera, bajo la vigilancia de un celador. Más tarde, incluso se le dejaría solo. Vincent pintó un arriate con lirios y un campo de amapolas. Ya no pintó más girasoles, pero sí cipreses. Los cipreses eran negros y estaban llenos de vida. En uno de los cuadros, alcanzan las estrellas. La niebla fluía como olas contra la luna y todo el cielo se encontraba en un movimiento circular.

El cielo sobre el manicomio de Saint-Rémy

Vincent sufrió un nuevo ataque en julio y tragó la pintura de sus tubos. Pasó muchos días totalmente confuso, pero, a finales de agosto, sus ideas suicidas habían desaparecido y se le permitió pintar de nuevo. Pintó un campo amarillo de trigo con un segador y un retrato del jefe de los celadores del manicomio. El segador es un cuadro a la muerte. Vincent reproducía cuadros de Rembrandt y Millet y también copió su habitación de la Casa Amarilla. Lentamente, Vincent volvía a encontrarse totalmente solo y únicamente le ayudaba pintar. Vincent sufrió más ataques en Saint-Rémy, pasando siempre por altibajos. En una ocasión, se encontró de nuevo en el paisaje de Arles y dos celadores tuvieron que ir a buscarle con un vehículo.

Entre tanto, Theo mostraba en París los cuadros de Vincent en exposiciones. En febrero de 1890, vendió uno por 400 francos. También el comerciante de pinturas Tanguy tenía cuadros de Vincent en su tienda. Émile Bernard consiguió que se publicara un gran artículo en una revista. Toulouse-Lautrec desafió a un duelo a uno que se había metido con los girasoles de Vincent. En marzo, Vincent estuvo representado con diez cuadros en el parisino "Salón de los Independientes". Los visitantes estaban admirados. Gaugin dijo que los cuadros de Vincent eran el punto culminante de la exposición. Quiso cambiar uno por otro suyo. Mientras tanto, Vincent se recuperaba en Saint-Rémy de uno de sus ataques. Estaba triste y no decía nada. Había pasado un año desde que pintó en Arles los árboles floridos y el pequeño puente sobre el canal. Era uno de los puntos álgidos en el desarrollo de Vincent como artista. Ahora, sus cuadros eran de nuevo muy distintos. En mayo, Vincent fue dado de alta en el manicomio y abandonó la Provenza. Vivió unos días con Theo en París, quien, entre tanto, se había casado y había sido padre. Su hijo se llamaba Vincent y vivió 88 años. En el comedor de la vivienda, sobre la chimenea, colgaban "Los comedores de patatas" y en el dormitorio, los floridos jardines. Por todas partes, colgaban los cuadros, algunos estaban bajo la cama o el sofá, todavía sin marcos. Otros se encontraban en el almacén del Père Tanguy, que era un agujero lleno de chinches.

El 20 de mayo, Vincent viajó a Auvers, ya que París le resultaba demasiado ruidoso. Alquiló una habitación en la posada

Cuadro del anciano afligido

de la familia Ravoux. Visitaba una vez por semana al psiquiatra doctor Gachet, que vivía en el edificio del ayuntamiento, al final del pueblo. Aunque en ocasiones el doctor venía a verle a la posada y contemplaba los cuadros de Vincent. Gachet era pintor aficionado y admiraba a Vincent. Vincent lo consideraba tan loco como él; más tarde pintaría dos retratos de él. Dijo: "Él (Gachet) tiene la dolorosa expresión de nuestro tiempo". Ya el día de su llegada a Auvers, Vincent había vuelto de nuevo a pintar. Escribió a Theo:

«Ahora tengo un estudio de viejas cabañas recubiertas de paja; en primer término, una tierra de floridos guisantes y, al fondo, un campo de cereales y montañas. Creo que te gustará. Ya noto que me ha sentado bien venir al sur, ya que así veo el norte con mejores ojos.»

Vincent pintó los viñedos, a la bella hija de Ravoux y a una chica con una naranja. Pintó un cuadro del castillo, que aparecía oculto detrás de oscuras hojas. Y de las calles de la aldea, de la iglesia y del ayuntamiento. Nuevamente, los cuadros de Vincent eran distintos, diferentes a todos los que había pintado hacía un año en la Provenza. Él se adelantaba al arte. Calles y caminos se enterraban a lo largo del paisaje, las casas extendían sus tejados o empujaban hacia adelante,

Casas onduladas y jardines en Auvers

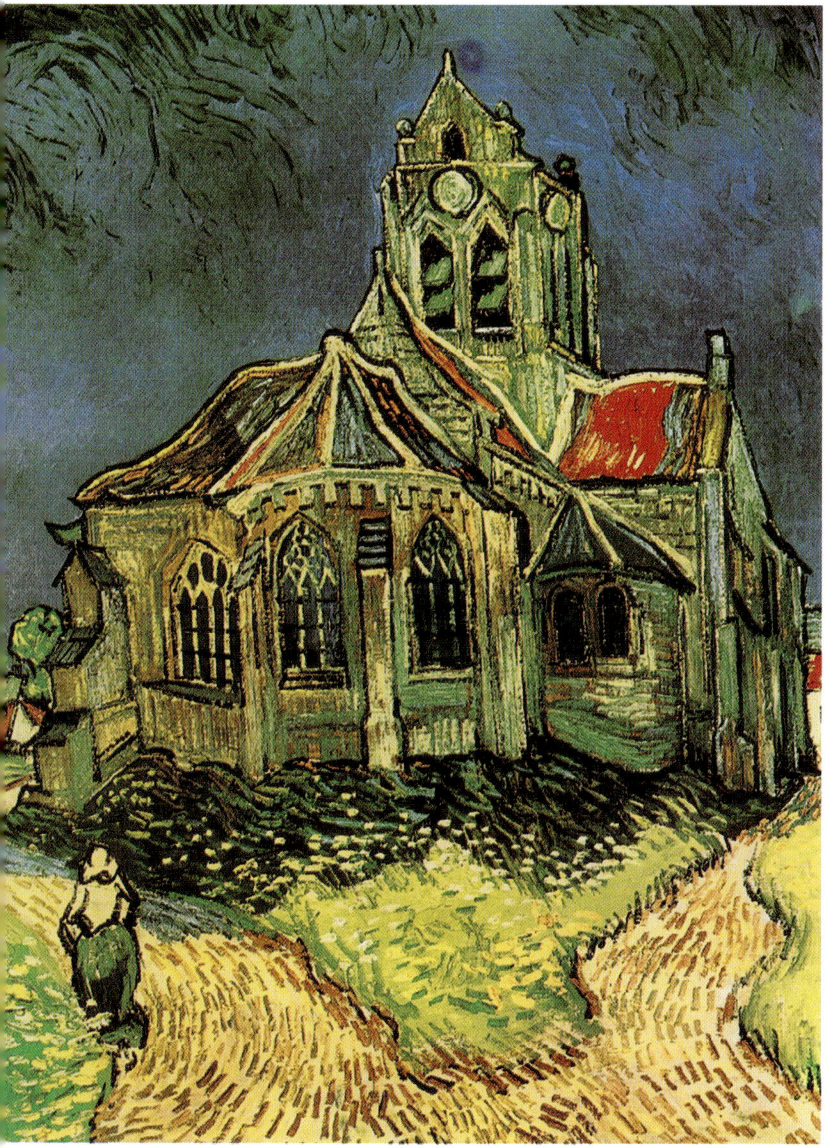

El puente de Arles

temerarias, contra las nubes. La iglesia de Auvers tenía un aspecto como si el sonido de sus campanas la hiciera temblar y se tambaleara. Quizá Vincent pensara alguna vez en los girasoles, pero en Auvers los vio con flores circulares estirando furiosos el cuello contra el cielo. Aquí, los melocotoneros floridos levantaban sus nudosos brazos en un gesto de indefensión, las gavillas de grano en el campo se agitaban al viento como cabezas de rizos salvajes. El puente de Arles conducía sobre un río en llamas y ya no sobre el tranquilo canal. Sus muros ardían en el agua, empujaban con sus hombros

Trigal con cuervos, uno de los últimos cuadros de Vincent

contra la orilla. Los brazos del puente se dilataban, las cadenas se tensaban cual ballestas gigantes. Solamente quedaría la mujer de negro con paraguas. Caminaba indiferente detrás de la calesa negra. Ahora sobre la mujer, el cielo era azul oscuro. En Auvers, el cielo tenía la profundidad del mar y se enroscaba en un torbellino sin fin. Vincent dijo: "El futuro se oscurece, yo no lo veo feliz". Después se puso su chaqueta azul, cogió el sombrero de paja y salió por la puerta.

CRONOLOGÍA

1853 — Vincent van Gogh nace el 30 de marzo en Zundert.

1861 - 1868 — Asistencia a la escuela en Zundert, después clases particulares. A partir de 1864, estancia en internados.

1869 - 1876 — Vincent trabaja en la galería de arte Goupil & Cie: primero en Den Haag, después también en París y Londres.

1876 - 1878 — Vincent estudia la Biblia y se convierte en auxiliar de predicador en Inglaterra. Interrumpe los preparativos para el examen de admisión en los estudios de Teología. Suspende el examen en la escuela metodista en Bélgica.

1879 — Predicador aficionado en la zona minera belga de Borinage. Vincent comienza a tomarse en serio el dibujo y quiere ser artista.

1880 - 1885 — Después de una breve estancia en la Academia de Bruselas, las clases con Antón Mauve en la Haya y una estancia de tres meses en la provincia de Drenthe, Vincent se va a vivir dos años con sus padres a Nuenen. Allí pintará sus primeras obras maestras, entre las que se encuentran "Los comedores de patatas"

1880 - 1888 — Breve estudio en la Academia de Amberes, después Vincent se traslada a París. Pinta según los impresionistas y puntillistas. Encuentro con otros artistas, entre los que se encuentra Toulouse-Lautrec y Paul Gaugin.

1888 — Vincent llega a Arles el 20 de febrero, donde pintará en total 350 cuadros. Entre marzo y mayo, crea varios cuadros del puente levadizo sobre el canal de Arles-Bouc. En mayo, alquila la Casa Amarilla. El 23 de octubre, llega Gaugin a Arles. Dos meses más tarde, Vincent se corta un trozo de su oreja derecha.

1889-1890	Desde mayo de 1889 a mayo de 1890, Vincent se encuentra en el manicomio de Saint-Rémy y consigue pintar casi 300 cuadros y dibujos.
1890	Vincent visita a su hermano Theo en París y después viaja a Auvers-sur-Oise. En diez semanas, consigue 80 cuadros. El 27 de junio, Vincent se pega un tiro en el pecho. Muere dos días más tarde a la edad de 37 años.

MATERIAL PICTÓRICO

P. 2, 5, 20/21, 118/119: Vincent van Gogh. El puente levadizo (El puente de Arles), mayo 1888.
P. 10/11:   Vincent van Gogh: Cuadro de Vincent con árboles y el castillo de Auvers, 1890.
P. 12/13:   Vincent van Gogh: Calles y escalera en Auvers, 1890
P. 14:   Retrato del Dr. Gachet, 1890
P. 16:   Vincent van Gogh: Camino del trabajo, 1888
P. 18:   Vincent van Gogh: Autorretrato al caballete, 1888
P. 22:   Vincent van Gogh: Colores en la Provenza: cuadro de Vincent de un jardín en Arles, 1888
P. 24:   Vincent van Gogh: Cosecha en la Provenza, 1888
P. 25:   Vincent van Gogh: Cosecha en la Provenza, 1888, detalle
P. 26:   Vincent van Gogh: Puente de ferrocarril a las afueras de Arles, 1888
P. 27:   El paseo del Liceo en Arles, fotografía sin fecha
P. 28:   Vincent van Gogh: La arena en Arles
P. 29:   Camino con puente levadizo, 1888
P. 30:   El puente Langlois, fotografía 1902
P. 31:   Anna Cornelia van Gogh. Fotografía, sin fecha
P. 31:   Theodorus van Gogh. Fotografía, sin fecha
P. 32:   Vincent van Gogh: Recuerdos de Brabante, 1890
P. 34:   Vincent van Gogh: Carro por camino mojado por la lluvia, 1890
P. 35:   Vincent van Gogh; fotografía hacia 1866
P. 37:   Vincent van Gogh, autorretrato, 1887
P. 38:   Vincent van Gogh: Paisaje nevado en Arles, 1888
P. 39:   Vincent van Gogh: Rama de almendro en flor en un vaso, 1888
P. 40:   Vincent van Gogh: Melocotonero en flor ("Souvenir de Mauve"), 1888
P. 41:   Vincent van Gogh: Ciruelos en flor (según Hiroshige), 1887
P. 43:   Vincent van Gogh: Autorretrato para Paul Gaugin, 1888

P. 45:	Vincent van Gogh: Comienzo de una carta desde Arles a Émile Bernard con bosquejo del primer cuadro (después destruido) del puente levadizo, 1888
P. 46/47	Vincent van Gogh: El puente de Langlois en Arles con lavanderas, 1888
P. 48:	Vincent van Gogh: El puente de Langlois en Arles con lavanderas, detalle, 1888
P. 49:	Émile Bernard: Vincent delante del caballete, 1887
P. 50:	Vincent van Gogh: El puente de Langlois en Arles, 1888
P. 51:	Vincent van Gogh: El puente de Langlois en Arles, 1888
P. 53:	Vincent van Gogh: El puente de Langlois en Arles, 1888
P. 54:	Vincent van Gogh, fotografía, hacia 1872
P. 55:	"Magere Brug", Amsterdam, fotografía sin fecha
P. 56:	Jean-François Millet: Las espigadoras, 1857
P. 57:	Jozef Israel: Diálogo silencioso (viejos camaradas), sin fecha
P. 58:	Gustave Doré: Tumultuoso tráfico en Ludgate Hill, 1872
P. 62:	Vincent van Gogh: Casas en Islewort, 1876
P. 64:	Ary Scheffer: Christus Consolator, 1837
P. 66:	Vincent van Gogh: Cargadores de carbón, 1879
P. 67:	Vincent van Gogh: The Bearers of the Burden, 1881
P. 70/71	Vincent van Gogh: La Casa Amarilla, 1888
P. 73:	Paul Gaugin: Autorretrato con retrato de Bernard, "Les Misérables", 1888
P. 74:	Vincent van Gogh: Barcas en la playa de Saintes-Maries, 1888
P. 76:	Vincent van Gogh: Retrato del teniente zuavo Milliet, 1888
P. 78:	Vincent van Gogh: Barcas de pesca en el Mar Mediterráneo, 1888
P. 79:	Vincent van Gogh: Retrato de Joseph Roulin, 1888
P. 80/81	Vincent van Gogh: El café nocturno, 1888
P. 81:	Vincent van Gogh: Terraza de café en Arles de noche, 1888
P. 82/83	Vincent van Gogh: Puente levadizo, 1883
P. 84:	Vincent van Gogh: Casa de campo con turbera, 1883

P. 85:	Vincent van Gogh: Dos campesinas recogiendo turba, 1883
P. 87:	Vincent van Gogh: Alameda, 1884
P. 88:	Vincent van Gogh: El tejedor en su telar, 1884
P. 89:	Vincent van Gogh: Los comedores de patatas, detalle, 1885
P. 90/91:	Vincent van Gogh: Los comedores de patatas, 1885
P. 92:	Vincent van Gogh: Calavera con cigarrillo encendido, 1885/86
P. 94:	La Torre Eiffel al comienzo de su construcción, fotografía, hacia 1887
P. 95:	Theo van Gogh, fotografía hacia 1888/90
P. 96:	Claude Monet: Mujer con sombrilla girada hacia izquierda, 1886
P. 97:	Émile Bernard y Vincent van Gogh a la orilla del Sena en Asnières, fotografía, 1886
P. 98:	Henri de Toulouse-Lautrec: retrato de Vincent van Gogh, 1887
P. 99:	Vincent van Gogh: Jarrón con gladiolos, 1886
P. 100:	Vincent van Gogh: Vista de Paris desde la habitación de Vincent en la Rue Lepic, 1887
P. 101:	Autorretrato con sombrero de paja, 1887
P. 102:	Paul Gaugin: Bajo mangos, 1887
P. 104:	Vincent van Gogh: Girasoles, 1888
P. 106/107:	Vincent van Gogh: La habitación de Vincent en la Casa Amarilla, 1888
P. 108:	Vincent van Gogh: La silla de Gaugin, 1888
P. 109:	Vincent van Gogh: Retrato de Camille Roulin, 1888
P. 109:	Paul Gaugin: Van Gogh pintando girasoles, 1888
P. 111:	Vincent van Gogh: Autorretrato con la oreja vendada y pipa, 1889
P. 112/113:	Vincent van Gogh: El cielo sobre el manicomio de Saint-Rémy, 1889
P. 115:	Vincent van Gogh: Anciano afligido, 1890
P. 116:	Vincent van Gogh: Jardines y casas, 1890
P. 117:	Vincent van Gogh: La iglesia de Auvers, 1890
P. 120/121	Vincent van Gogh: Trigal con cuervos, 1890

Thomas David nació en Alemania, en 1967. Estudió Historia del Arte y Filología Inglesa en la Universidad de Hamburgo y en el University College de Londres. Trabaja como periodista para un programa de televisión y para el prestigioso diario *Neue Zürcher Zeitung*. Vive en Hamburgo.
Otros títulos de David en esta colección: *Rembrandt, El festín del rey Baltasar* y *Leonardo da Vinci, Mona Lisa*.

B V253D   HHEIX
David, Thomas.
Van Gogh :el puente de Arles /

HEIGHTS
01/12